WERNER KLOTZ, *SAUEN · SAUEN · SAUEN*

Schrift: 10/12 Times Roman
Papier: Bildteil 115 g Bilderdruck, Textteil 90 g Werkdruck
Umschlag: Pappband, Polylein-Kaschierung

Druck: 2-Farben-Offset, Roland MAN, 72 x 102 cm
Verarbeitung: Fadenheftung

WERNER KLOTZ

SAUEN SAUEN SAUEN

NEUMANN - NEUDAMM

BILDNACHWEIS

Die Fotoagentur Nimrod stellte uns folgende Abbildungen zur Verfügung:
Seite 69 unten, Seite 70 oben und unten, Seite 87 oben, Seite 88 oben und unten,
Seite 105 oben, Seite 106 oben und unten, Seite 123 unten, Seite 124 oben und unten;
Frank Rakow lieferte die Bilder auf den Seiten:
69 oben, 87 unten, 105 unten und 123 oben;
Die SW-Abbildungen stammen aus dem Archiv des Verfassers.

CIP-Titelaufnahme der Deutschen Bibliothek:

Klotz, Werner:
Sauen, Sauen, Sauen / Werner Klotz. –
Melsungen: Neumann-Neudamm, 1989
ISBN 3-7888-0559-5

© 1989 Verlag J. Neumann-Neudamm GmbH & Co. KG
Mühlenstraße 9, 3508 Melsungen
Printed in Germany
Titelgestaltung: Philipp Schneider unter Verwendung eines Dias von Hans Reinhard.
Reprotechnik: Repro Team, Kassel
Druck: Silber Druck, 3501 Niestetal
Buchbinderische Verarbeitung: Freitag & Co. KG, 3500 Kassel.

Inhalt

Jugenderlebnisse

Meine erste Begegnung mit Schwarzwild hatte ich in meiner frühesten Jugend. Als Sohn eines staatlichen Revierförsters (mit 33 Morgen Forstland) wuchs ich im einsam gelegenen Forsthaus Gradberg im schönen Eggegebirge auf.

Nur wenig Fahrzeuge frequentieren damals die in der Nähe gelegene Landstraße Bad Driburg – Neuenheerse. Am Mittwoch hörte man schon von weitem die Hufe des Pferdes vom Bäcker Legge aus Dringenberg, der uns mit Brot versorgte. Als Spezialität galten seine Hefeteilchen, besonders gut mundeten mir immer die „Amerikaner". Noch heute (Mitte Fünfzig) erwische ich mich dabei, daß ich auf jeder Kuchenplatte zunächst einen Amerikaner suche. Ansonsten wurde der größte Teil des Brotes im eigenen Backhaus produziert. Ich hatte immer für den Sauerteig und das Mehl von der Suffelmühle zu sorgen. Mancher selbst gesteuerte Handwagen mit Mehl landete kopfüber im Straßengraben.

Außerdem warteten wir schon immer auf das Motorengeräusch von den zwei Autos, die es seinerzeit dort gab. Einmal wöchentlich kam Dr. Middel aus Willebadessen mit seinem modernen Opel P 4 vorbei, und in den späten Abendstunden oder auch des nachts „raste" mit etwa 80 Stundenkilometern Baron von Zitzewitz mit seinem bevorzugt in schneeweiß gehaltenem großen Flitzer am Haus vorbei. Einmal nahm sein Wagen auch den Weg zwischen zwei Vogelbeerbäumen und unserer Wiese. Damals schrieb keine Zeitung über solche „großen" Ereignisse, der eine half dem anderen ohne viel Aufsehens.

Heute ersetzt die Technik manch harte Arbeit zum Wohle des Menschen. Aber es gibt wohl keinen Vorteil ohne den dazugehörigen Nachteil. Die Kommunikation zwischen den Menschen ist weitestgehend verlorengegangen. Trotz Television sind wir als Mensch ärmer geworden. Ein Eldorado der Ruhe war meine Jugendzeit, besondere Vorkommnisse sorgten stets für Gesprächsstoff.

Erste Erinnerungen an schaurige Geschichten über Sauen vernahm ich im Dienstzimmer meines Vaters. Einmal wöchentlich trafen sie sich dort, die „verwegenen" Jäger und Skatspieler. Albert, mein Vater, Cornelius vom Forsthaus Klusweide und Eduard Hake aus Neuenheerse waren ein besonderes Kleeblatt. Alle drei Forstbeamte, gedient bei den 7. Bückeburger Jägern, hatten sie per pedes täglich ein großes Revier zu betreuen, das den ganzen Mann erforderte. Seinerzeit ging der Förster – bepackt mit Rucksack, Gewehr und Hund – schon früh am Morgen los und kam erst gegen Abend an den häuslichen Herd zurück. In unserer Försterei Gradberg – als zentraler Mittelpunkt zwischen Klusweide und Neuenheerse gelegen – traf man sich dann mindestens einmal wöchentlich zur sogenannten „Dienstbesprechung".

In den Jahren um 1936 war ich ein kleiner Steppke von fünf Jahren. Sauen kamen zu der Zeit noch nicht so reichlich vor wie das heute der Fall ist, und es war eine Sensation, wenn ein Stück gestreckt wurde. Im Winter 1936 kam mein Vater gegen Abend von einem Reviergang zurück und war ziemlich aufgeregt. Aufgeregt gestikulierend erzählte er:

„Nachdem ich vormittags die Waldarbeiter eingewiesen hatte, traf ich auf dem Heimweg in der Helle meinen Haumeister Pape: ‚Herr Förster, kommen sie schnell mit, in Abteilung 81 stecken Sauen!' Es lag Schnee, günstig also, um abzufährten und festzustellen, ob seine Aussage auch stimmte. Tatsächlich, neben einigen Überläufern stand die Fährte eines starken Stückes. Es war Rauschzeit, und die ganze Rotte war in die an einem Sonnenhang liegende Fichtendickung eingewechselt."

Aufgeregt fragte ich meinen Vater: „Was ist denn nun?" Er fuhr fort: „Pape schickte ich auf den Einwechsel in die Dickung und stellte mich auch an dieser Stelle an die Schneise". Aus Erfahrung war meinem Vater bekannt, daß Schwarzwild den Einwechsel auch gern als Rückwechsel benutzt.

Er erzählte dann weiter: „In den mit Schnee behangenen Fichten hörte ich das leise 'Hopp' von Haumeister Pape. Daran konnte ich mich in etwa orientieren, in welche Richtung er die Fährten ausging. Es dämmerte bereits, als urplötzlich ein schwarzer Schatten aus der Dickung preschte. Über Kimme und Korn hatte ich Mühe, mit dem Drilling auf dem Stück gut abzukommen. Aufstäubender Schnee, ein Widerhall des Schusses im Gradberg, der Blick durch den Feuerstrahl des Gewehres, und plötzlich war es um mich herum ganz still und ziemlich dunkel geworden.

Ich fragte wieder: „Was ist denn nun, hast Du getroffen?"

Jetzt kam die erlösende Antwort: „Ja, sie lag im Dampfe!" Von diesem Bericht war ich so fasziniert, daß ich als Fünfjähriger darauf bestand, das Stück mit holen zu dürfen. Ich fragte: „Können wir die Sau auf meinen Rodelschlitten laden?"

„Nein, Junge, sie ist riesengroß und schwer."

Haumeister Pape holte inzwischen unseren Apfelschimmel Luzie aus dem Stall und spannte an.

„Junge, hol' die Petroleumlampe, damit wir in der Dunkelheit die Sau auch finden."

Unsere beiden Rauhhaarteckel – der eine hieß Schnaps, der andere Pulle – waren schon ganz aufgeregt und sprangen um das Gespann herum. Mit diesen beiden Hunden gab es auf den Drückjagden immer viel Spaß. War ein Treiben abgeblasen und die Jäger standen zusammen, rief mein Vater: „Schnaps – Pulle". Im Nu wurden die Flaschen aus den Rucksäcken geholt, denn Uneingeweihte wußten noch nicht, daß damit die noch fehlenden Hunde gemeint waren. Jedenfalls wärmte man sich solange auf, bis die Teckel da waren.

Zurück zum Sauentransport. Es war schon eine aufregende Sache, eine „Sau", auch noch eine wilde, aus dem Wald zu holen. Nach halbstündiger, holperiger Fahrt mit dem Pferdeschlitten kamen wir an der besagten Schneise an.

„Rechts muß sie liegen, Werner, leuchte mal mit der Stallaterne!" Herrgott, das konnte doch nicht wahr sein, eine Riesensau lag im Schweiß gebadet am Rande der Dickung.

Schnell sprang ich zunächst wieder auf den Schlitten, das sah mir doch alles sehr gefährlich aus.

Und was ist das? In der „Schnauze" hatte sie auch noch einen Tannenzweig! Gibt es denn so etwas? Wildschweine fressen Tannen, wenn sie geschossen werden? Gedanken über Gedanken gingen mir durch den kleinen Kopf.

„Nun aber runter vom Schlitten und mit angefaßt", so der etwas herbe Ton meines Vaters. Himmel, ich sollte so etwas anfassen? Und wie stank das Ding greulich.

„In der Rauschzeit ja kein Wunder", sagte mein Vater.

„Kam sie rauschend durch den Wald?" fragte ich dumm. Im Scheine der Petroleumlampen sah ich leichtes Grinsen im Gesicht meines Vaters. Er und Josef Pape quälten sich beim Aufladen, ich hielt mich auf Distanz am Pürzel des Keilers fest. Luzie, das Pferd, wieherte laut. Pferde können wahrscheinlich einen so penetranten Geruch auch nicht ab. Gott sei Dank, es war geschafft. Halb verfroren erreichten wir unseren Hof. In der Schweineküche im Stall wurde das Ungeheuer dann mit viel Kraftaufwand aufgehängt. Ja, Herrgott, es wurde ja immer größer, als ich dann daneben stand.

„So, das wäre geschafft, und nun muß ich sofort telefonieren," sagte mein Vater. Im Dienstzimmer stand zu der damaligen Zeit noch ein altertümliches Telefon. Wenn man den Hörer abnahm, war nichts zu hören. Mein Vater drehte an einer Kurbel und sagte dann in die Muschel: „Hier Neuenheerse 13, bitte Forsthaus Klusweide und dann Eduard in Neuenheerse." Aus den Telefonaten entnahm ich was von „Tottrinken!". Ja, was war das denn! Wollten sich alle drei vielleicht umbringen? Das sollte ich schnell erfahren.

„So, und du bringst aus dem Keller sofort die beiden Bierkrüge und läufst nach Siebenstern und holst den guten Gerstensaft. Die Petroleumlampe bleibt aber hier, wir haben heute schon zu viel verbraucht, und Petroleum ist teuer." Mein Vater beauftragte mich also, im Dunkeln durch den tiefen Schnee nach Siebenstern zu laufen. Jede Kanne faßte fünf Liter Bier – eine ganz schöne Quälerei.

Auf dem Rückweg hörte ich schon von weitem Laute aus dem Dienstzimmer. Auch mein künftiger Volksschullehrer Lippert aus Siebenstern („der Professor") war schon da.

Die Kumpanen waren schon alle eingetroffen, und wahrscheinlich schon zum fünften Mal mußte mein Vater die Story von der „wilden Sau" erzählen. Man konnte aus dem von Zigarrenqualm verhangenen Zimmer die ausgetrockneten Kehlen der Waidmänner laut hören: „Bier her, Bier her". Rein zufällig hatte sicherlich einer von den Freunden einen größeren Flachmann in der Tasche. Hinter der Tür lauschte ich nun der Dinge, die da drinnen vor sich gingen.

Eduard sagte: „Albert, es ist ein Hauptschwein". Cornelius meinte: „Nein, es ist ein angehendes Schwein". Der andere sprach wieder vom starken „Überläufer". Das klang doch alles sehr seltsam und unverständlich für mich. Schließlich waren sie sich einig. „Ja,

10

Albert, es ist ein Hauptschwein." Ich mußte zu Bett, doch noch spät hörte ich Gesänge: „Horrido, joho. Faß die Sau am Pürzel." Gott sei Dank, an den Pürzel hatte ich sie ja gepackt.

Der Ernst des Lebens begann im kommenden Jahr mit dem Schulanfang. Aber Schule bedeutete nicht, alle anderen mir zugeteilten Aufgaben zu vernachlässigen. Die in den Hellewiesen zwischen zwei kleinen Bachläufen fängisch gestellten Schwanenhälse und Tellereisen mußten täglich kontrolliert werden. Nach einer „Neuen" galt es den kleinen Gradberg nach Sauen abzufährten und einzukreisen. Hier auf dieser kleinen Erhöhung neben dem richtigen hohen Gradberg war damals eine kleine Fichtendickung, dicht wie Haare auf dem Hund. Mit zwei Schützen hatten wir des öfteren Erfolg auf Sauen. Mit unserem vorzüglichen Rauhhaarteckel ging ich die Fährten aus, und schon knallte es rundherum. Das waren noch die schönen kleinen Gemeinschaftsjagden, wobei nicht nur die Beute zählte, sondern vor allen Dingen die Jagdkameradschaft.

Ganz besonders erinnern kann ich mich noch an folgendes Ereignis: Auf dem Weg zur Schule – es lag Schnee – sah ich gleich hinter unserer Scheune auf der freien Wiese ein Stück Schwarzwild sich im Kreise drehen. Es lief einen Kreisdurchmesser von etwa siebzig Metern immer auf der gleichen Stelle. Sofort eilte ich zurück nach Hause und berichtete aufgeregt meinem Vater. Ein Schauspiel begann. Ich versuchte, mit einem Strick das Stück zu fangen. Es war ein schwacher, abgekommener Überläufer, ein sogenannter Hosenflicker. Das Stück kam direkt auf mich zu, aber die Geschwindigkeit war so groß, daß es mir nicht gelang, den Strick überzuwerfen. Mein Vater stand abseits mit dem Drilling und hatte seinen Spaß an diesem Zirkus. Ich weiß noch, wie er rief: „Junge, komm zu mir, das Stück muß krank sein." Ich lief zu ihm, Vater legte an und schoß stehend freihändig über Kimme und Korn. Im Knall brach die Sau zusammen. Merkwürdigerweise blieb er mit dem Gewehr immer noch im Anschlag auf die liegende Sau. Ich wollte sofort zuspringen: „Nein, bleib zurück, erst immer abwarten, Schwarzwild kann viel ab", warnte er. Und genauso kam es: Das Stück kam wieder hoch, erhielt aber dann den zweiten tödlichen Schuß.

Das merkwürdige Verhalten mußte geklärt werden. „Der erste Schuß war ein Krellschuß, wobei Stücke immer blitzartig zusammenbrechen, aber auch genauso schnell wieder auf den Läufen stehen und auf Nimmerwiedersehen verschwinden", erklärte mein Vater. Und warum lief es immer im Kreis herum? Veterinär Heinemann, einziger Tierarzt vor Ort, wurde angerufen. Schon am Telefon äußerte er etwas von Tollwut oder ähnlichem. Für mich wurde mit diesem Begriff des Schwarzwild immer rätselhafter und interessanter. Was Wut war, das wußte ich von meiner Stiefmutter, aber „Tollwut", das mußte ja ein ganz besonderer Wutausbruch sein.

Der Tierarzt kam, wie immer stank er nach Kühen und Chemikalien. Das Haupt der Sau wurde abgetrennt, von Gummihandschuhen sprach zu der Zeit keiner, und der Doktor nahm es zur Untersuchung mit, die eine Störung der Gehirnfunktion als Ergebnis brachte. Eßbar war es angeblich nicht, also kam das Stück auf den Luderplatz nahe des Fischteiches.

Das Überleben

Der Zweite Weltkrieg war im Mai 1945 zu Ende. Nachdem unsere Befreier sich den großen, aber völlig zerstörten Kuchen „Großdeutschland" aufgeteilt hatten, stand fest, daß Ostwestfalen mit in die Britische Besatzungszone integriert wurde.

Die waffenlosen Forstbeamten fungierten als Anführer groß angelegter Drückjagden der Briten. So kam es des öfteren vor, daß ich als Ortskundiger die Aufgaben eines „Hilfssheriffs" übernehmen mußte.

Bei guter Schneelage kamen eines Tages vier Jeeps mit britischen Offizieren und Mannschaften auf unseren Hof gefahren. Mein bißchen Schulenglisch reichte gerade aus, um den hoffnungsvoll gestimmten „Jägern" klar zu machen, wie diese Drückjagd ablaufen sollte. Mein Vater übernahm die Offiziersgruppe, die auf Fernwechseln abgestellt wurde. Mir stand es zu, als Infanterist mit einigen Soldaten die Dickungen durchzudrücken. Wenn ich mir so die Bewaffnung dieser Leute ansah, konnte man glauben, wir zögen in den Krieg. Die hochrangigen Offiziere führten gute Jagdwaffen, meine Treibertruppe war dagegen mit Maschinenpistolen ausgerüstet. Es war schon ein ziemlich gefährliches Spielchen, was da vor sich gehen sollte. Alle trugen einen Stahlhelm, und ich? Ich war gerade sechzehn Jahre jung und trotz aller Bedenken stolz darauf, die Insulaner zur waidgerechten Jagd führen zu dürfen.

Geschossen werden sollten nur Sauen. Nach verabredeter Uhrzeit waren die Stände besetzt. Mit rund einem Dutzend Pionieren der Jagd und unseren beiden Teckeln „Schnaps" und „Pulle" ging es los. Der Neuschnee offenbarte merkwürdige menschliche Fußabdrücke. Sollten außer uns hier noch andere jagen?

In der Ferne fielen die ersten Kugelschüsse, dreißig Meter neben mir eröffnete ein Soldat aus der MP ein Dauerfeuer. In der Dickung war fast nichts zu sehen, einen gezielten und sicheren Schuß konnte man gar nicht abgeben. Laut gestikulierend kam der Schütze zu mir und sprach in zu schnellem Englisch von Menschen, die er angeblich gesehen hätte. Vielleicht noch Reste der Waffen-SS?, die sogenannten Wehrwölfe! Ich hatte meine Last, ihn davon zu überzeugen, daß die letzten Wehrwölfe schon vor einem Jahr aus dieser Gegend verschwunden waren. Sicherlich stammten die menschlichen Fährten von Waldarbeitern oder den sogenannten „schwarzen Jägern". Es war Not im Lande, und man wußte nie genau, auf welche Art und Weise sich so mancher seinen Lebensunterhalt verdiente.

Plötzlich auf einer Schneise, flüchtig ein starkes Rudel Rotwild. Mein linker bewaffneter Kamerad ging schon in Hüftanschlag, ich konnte ihn gerade noch bremsen und ihm klarmachen, daß unsere Sauen so groß nicht seien.

Schon eine längere Zeit war Waffenruhe eingetreten, als plötzlich rechts von uns ein einzelner Schuß fiel. Aber in der Richtung lagen doch gar nicht die Stände der von meinem Vater angestellten Jäger?

Der Klusenberg, auf dem wir hier jagten, war ein vorzügliches Einstandsgebiet für das Schalenwild. Nachdem wir uns mit der Truppe drei Stunden durch die bürstendichten Dickungen geschlagen hatten, kamen wir jetzt in die Nähe der Grenze zum Forstamt Paderborn. Auf einer Schneise ließ ich halt machen und übernahm als Flügelmann die rechte Seite, dort, wo dieser ominöse Schuß vor etwa zwei Stunden gefallen war.

Nach Neuordnung aller Dinge ging es nun weiter. Einer unserer Dackel war zurückgekommen und verwies Schweiß. Ich dachte mir, einer der vorstehenden Schützen hat wahrscheinlich ein Stück Schwarzwild beschossen, das wird sicherlich später eine Nachsuche geben. Der Teckel ließ nicht von der Schweißfährte ab und führte mich an einen bereits verendeten Überläuferkeiler.

Ich belohnte gerade den Hund für seine gute Arbeit, als ich leise hörte: „Werner, ich bin es, sieh zu, daß die Soldaten mit den MP's hier abziehen." Ein Schauer lief mir über den Buckel, träumte ich? Stimmen aus dem Jenseits? Ich wagte kaum, mich wieder aufzurichten, da fiel mein Blick in eine höhere Fichte. Nein, das durfte nicht wahr sein, saß doch dort oben ein mir durchaus bekannter Mann. Schon kam einer der Soldaten, bewunderte die gestreckte Sau und wollte sie auch gleich auf die Schneise ziehen. Was tun?

14

Die Pflicht ging vor, es war ja Drückjagd, und wer sollte schon feststellen, von welcher Kugel dieses Stück gestreckt wurde. Wie ich lange Jahre später von dem „Baumsitzer" hörte, hatte er gewußt, daß diese Drückjagd stattfinden sollte. Schlau wie er war, sagte er sich, bei dieser vielen „Ballerei" fällt es gar nicht auf, wenn ich mich heimlich an dieser Jagd beteilige, ein Schuß von mir geht dabei bestimmt unter.

Zur vereinbarten Zeit traf unser Stoßtrupp bei den angestellten Offizieren ein. Zur Rettung der Soldatenehre muß ich sagen, es wurde sauber geschossen. Auf der Strecke lagen acht Sauen, darunter allerdings leider auch eine Bache sowie ganz versteckt an der linken Seite, mit ziemlich viel Grün abgedeckt, ein Rotwildkalb. Nun mußte ich meinem Vater ja auch noch erzählen, daß ungefähr dreihundert Meter entfernt der Überläuferkeiler gefunden wurde. Lange rätselte er, wie dieser denn wohl dahingekommen sein konnte. Schließlich erlöste ich ihn aus seinen Grübeleien und erzählte ihm von dem Zwischenfall mit dem „Mann im Baum".

Nachdem alles Wild versorgt war, die Herren Offiziere ließen sich natürlich ihre erlegten Stücke von den Untergebenen aufbrechen, fuhren wir zurück ins Forsthaus. Jetzt kam der schönste Teil des Jagdtages: Zigaretten zur freien Auswahl; ich weiß noch genau, es gab: Lucky Strike, Camel, Pallmall und Philipp Morris. Die letztere der aufgeführten Marken, die „Philipp Morris" in der braunen Verpackung, war für mich damals Sechzehnjährigen die Lieblingssorte. Geraucht werden durfte nur heimlich. Aber was konnte man für Zigaretten alles eintauschen?

Zigaretten galten als Kapital. Dazu schwelgten wir in Kaugummi, weißem Armeebrot und Cornedbeef. Der obligatorische Whisky fehlte natürlich auch nicht. Ein Stück Schwarzwild durften wir für uns behalten. Der Commander zog die alte Bache vom Jeep, ich dankte und nahm dafür lieber einen der schwachen Überläufer. Ob es vielleicht der von dem Mann im Baum war?

Meine angeblich vorbildliche Führung der Engländer veranlaßte einen der Offiziere, etwas besonders Gutes für uns zu tun. Nachdem ihm einer seiner Kollegen von den Fußabdrücken in der Dickung erzählt hatte, erhielt mein Vater ein Permit für eine Flinte.

Kugelläufe waren noch strengstens untersagt. Nun hatten wir selbst die Möglichkeit, ohne Bewachung durch die Briten unser Forsthaus vor den Zugriffen der vielen Ausländer zu verteidigen. In der Tat mußten wir von der Waffe dreimal Gebrauch machen, um diese Leute auf Abstand zu halten.

Unser Forsthaus im März 1946.

Mein erstes Stück Schwarzwild.

Eine winterfeste Kanzel im neuen Revier.

Der Malbaum von Gustav an der Suhle.

18

Werdegang zum Jäger

Um meinen weiteren Werdegang und meine Entwicklung zum Jäger (mit Prüfung) besser erklären zu können, muß ich etwas zurückgreifen:

Meine Mutter verstarb 1935, ich war damals vier Jahre alt, mein Vater verunglückte mit einem kleinen Motorrad 1949 tödlich nach dem traditionellen Hubertusabend, weil eine Bahnschranke nicht geschlossen war.

Das staatliche Forsthaus mußte für den Nachfolger geräumt werden. So zog es mich in das nahegelegene Bad Driburg. Ein Freund des Hauses Klotz, Adolf B., wurde als Vormund benannt. Nach Besuch des Gymnasiums genoß ich dort eine Lehre zum Industriekaufmann. Die einzige Tochter meines neuen Domizils hatte es mir angetan: Der „vertrottelte Waldschrat" aus dem einsamen Forsthaus bekam nun Kontakt zum anderen Geschlecht. Ja, und wie es so geht, es war Liebe auf den ersten Blick. Die Rauschzeit setzte ein. Ich war erst achtzehn, und so warteten Waltraud und ich dringend auf den Tag der Volljährigkeit mit damals noch einundzwanzig Jahren. Sofort wurde geheiratet. Eine Tochter kam zur Welt. Weil sie so schöne große blaue Augen hatte, ließen wir sie auf den Namen „Iris" taufen. Die zweite Tochter war gerade ein Jahr alt, als es mich mit der Familie in die Ferne zog. Ein zwischenzeitliches Studium am Holztechnikum Rosenheim hatte mir Mut gegeben, mit so reichhaltiger Ausbildung und einer „Großfamilie" woanders eine neue Industrieanlage mit aufzubauen. Obwohl stark jagdlich passioniert, hatte ich noch nicht die Jägerprüfung abgelegt. Beim Vater im großen Waldrevier konnte man auch mal einen Hasen oder Fuchs ohne Jagdschein erlegen.

Die neue zweite Heimat im schönen Emmerthal, zwischen Bad Pyrmont und Hameln gelegen, brachte zunächst viel Unruhe mit sich. Mehrmaliger Wohnungswechsel und die beruflichen Aufgaben ließen mir wenig Zeit für andere Dinge. Bekannte und spätere Freunde aus den Vereinen bearbeiteten mich aber solange, bis ich gemeinsam mit Adolf K. 1962 in Coppenbrügge die Jägerprüfung ablegte.

Frischlingsbejagung

Wenn ich es nicht selbst erlebt hätte, würde ich es als Jägerlatein betrachten. Nach glücklich bestandener Jägerprüfung erhielt ich schon wenige Wochen später von einem ehemaligen Mitarbeiter eine Einladung auf meinen ersten Rehbock.

Das reizvolle Revier, Schloß Biesterfeld bei Rischenau, sollte für kurze Zeit mein Jagdrevier sein. Der Sohn des damals dort tätigen Oberförstes H. führte mich auf einen II-b-Bock. Gegen 18 Uhr traf ich auf Biesterfeld ein, damals noch ohne eigene Waffe, und gemeinsam nahmen wir Einblick in die Revierkarte. Die Wetterfahne des Forsthauses zeigte auf West, der herrliche Sommerabend hatte Temperaturen um 20°C.

H. überreichte mir einen aus dem Zweiten Weltkrieg umgebauten 98er Karabiner ohne Zielfernrohr. Ich muß wohl einen vertrauenswürdigen Eindruck auf ihn gemacht haben, denn der obligatorische Probeschuß unterblieb. Von den vielen Schießübungen vor der Jägerprüfung war ich noch gut in Form und hatte eigentlich auch keine Bedenken, über Kimme und Korn vom Hochsitz aus das Ziel richtig zu erfassen.

Und nun kam die große Überraschung. Der alte Oberförster sagte: „In meinem Revier ist es üblich, daß wie früher in den großen Ostgebieten auf den Bock gepirscht wird." Oh weh, auch das noch! Mit dieser vorsintflutlichen Büchse? Nach kurzer Stärkung fuhren wir nur wenige hundert Meter ins Revier, ließen den Wagen stehen und pirschten gegen den Wind durch einen sehr feuchten Erlenbestand. Mein Jagdführer – ebenfalls bewaffnet – ging vor mir. Ob er mir wohl doch nicht den sicheren Schuß zutraute? Zwanzig Meter gehen, stehenbleiben, das Gelände mit dem Glas ableuchten und weiter pirschen – das war die Methode. Der erste Schweiß floß mir den Rücken herunter, zwar war es sehr schwül, aber ich glaube, etwas Angstschweiß war auch dabei.

Eine halbe Stunde befanden wir uns wie die Indianer auf dem Pirschpfad, da, auf etwa sechzig Meter ein Stück Rehwild, spitz auf uns zu ziehend. Ein wahrlich alter Bock, graues Gesicht, zurückge-

setztes Gehörn, ein Gabler. Bei dem starken Unterwuchs war er schlecht frei zu bekommen. An einer schwachen Erle hatte ich angestrichen. Der Bock zog immer noch spitz auf uns zu, jetzt drehte er sich etwas nach rechts und windete. Schon war der Schuß heraus. Vom Bock keine Spur mehr, der Abzug des Gewehres war auch verdammt hart. Ich war erstaunt, als mir mein Jagdführer die Hand reichte. Wir gingen zum Anschuß und fanden meinen mit gutem Schuß gestreckten ersten Bock. Ein kräftiges Waidmannsheil, die rote Arbeit begann. Schnell war ich damit fertig, und gemeinsam zogen wir das Stück auf eine Schneise. Nun erst einmal Pause.
Träumte ich? Auf der mit Klee eingesäten Waldwiese brach eine Bache mit sieben Frischlingen. Auffällig dabei zwei Frischlinge, der eine mit einem weißen Hinterlauf und der andere mit einem weißen Vorderlauf. So etwas hatte ich noch nie gesehen. Noch während ich durch das Fernglas schaute, fiel neben mir ein Schuß. Stehend freihändig hatte mein Jagdführer auf einen der Frischlinge Dampf gemacht. Und siehe da, am Anschuß finden wir den Frischling mit dem weißen Hinterlauf.
Die Schwarzwildbejagung fordert uns Jäger dazu auf, gescheckte Stücke der freien Wildbahn zu entnehmen. Einmal schon wegen des unerwünschten gefleckten Nachwuchses, andererseits macht so eine bunte Rotte immer auf sich aufmerksam. Das war ja nun ein doppeltes Waidmannsheil. Jeder von uns war in kurzer Zeit auf das richtige Stück Wild mit gutem Schuß zum Erfolg gekommen. In der Kneipe (an der scharfen Kurve) in Rischenau, wurde zunächst einmal damit angefangen, einen großen Schluck auf unser Jagdglück zu nehmen. In den späten Abendstunden ging es dann zu mir nach Hause, und da fing das große „Tottrinken" erst richtig an. Seinerzeit in den sechziger Jahren waren die Verkehrsverhältnisse und die Kontrollen noch anders, Freund H. kam jedenfalls ungeschoren nach Hause.
Am anderen Morgen gegen zehn Uhr hatte ich eine Holzabnahme bei unserem zuständigen Revierbeamten Sch. in Gellersen. Als ich auf den Hof des Forsthauses fuhr, sah ich den Förster einen Frischling aus der Schwarte schlagen. Und was war das? Der Höpper hatte ja einen weißen Vorderlauf. Ich ahnte schon etwas und fragte Herrn Sch.: „Wieviele Frischlinge waren bei der Bache?" – „Sechs, davon dieser eine mit dem weißen Vorderlauf", lautete die Antwort.

Die Bache hatte tatsächlich von 21 Uhr bis 5 Uhr morgens eine Strecke von Luftlinie 34 Kilometer zurückgelegt, wobei Eisenbahnlinien und die Emmer überquert werden mußten. Dieses Ereignis unterstreicht die Richtigkeit, bei Schwarzwildschäden im Felde möglichst einen Frischling zu erlegen. Die Bache kommt dann so schnell nicht wieder. Voraussetzung dabei ist die unbedingte Schonung der Leitbache. Es ist nach den Auswertungen von Dr. Heinz Meynhardt bewiesen, daß ein Familienverband sich etwa im Umkreis von fünf Kilometern in seinem Einstand bewegt – normale Verhältnisse vorausgesetzt. Klar ist auch, daß in diesem Bereich ein Familienverband aus einer anderen Sippe nicht geduldet wird. Einzelne Bachen, die durch Verlust mehrerer Frischlinge in Bedrängnis geraten, verlassen mitunter den Verband und bilden in einem noch schwarzwildfreien Bezirk einen neuen Familienverband. Voraussetzung ist natürlich ein geeignetes Biotop. Bekannt ist auch, daß Keiler mit etwa 18 Monaten die Mutterrotte verlassen, so daß es dadurch nicht zu einer Inzucht und damit zu keiner Degeneration der Bestände kommen kann. Ja, die Natur hat dieses alles wohlweislich eingerichtet.

Bewirtschaften wir unser Schwarzwild richtig, so besteht absolut die Möglichkeit, daß auch Reviere, die bisher Schwarzwild nur als Wechselwild kennen, die „Schwarzen Zigeuner" im Revier standortttreu machen können.

Jetzt wieder zurück ins schöne Emmerthal. Adolfs Schwiegervater, Hermann, genannt „Hermann Löns", hatte durch die Technisierung der Landwirtschaft seine Dorfschmiede aufgegeben und ging nun nur noch zur Jagd! Die 600 ha große Gemeindejagd, mit zwei Drittel Feld und einem Drittel Wald, dazu das schöne Gewässer der Emmer, bot Anblick von vielen Wildarten. Hermann sprach durchweg platt, und man mußte sich in der Tat auf diese Redensweise umstellen. Adolf und ich hatten eine beschränkte Jagderlaubnis auf Raubzeug sowie auf alles andere Wild – allerdings ich nur in seiner Begleitung.

Noch gut erinnere ich mich an folgendes Erlebnis: Auf dem Mittelbrink, einer vorgeschobenen Bergnase im Krähenmizgrund, stand am Waldrand eine etwas wackelige Leiter. Mit dem klapprigen VW-Käfer fuhr ich meinen Jagdherrn Hermann, der auch nicht mehr der Jüngste war, zu diesem Anstand. Es war Winter, Schnee bedeckte Feld und Flur. Hermann wollte aber unbedingt noch einen Damhirsch schießen. Die Jagdkasse mußte ausgeglichen werden, wie ich im Nachhinein annehme. Sollte ein schwächeres Stück beim Rudel sein, so sollte ich nach seinem zur Strecke gebrachten Hirsch ein solches schießen. Der tiefere Sinn aber war sicherlich: Ich sollte ihm helfen, das Stück zu bergen, was ich auch gern getan hätte.

Endlich saß Hermann oben auf der Leiter, sein Lebendgewicht von etwa 120 Kilogramm brachte den Ansitz ganz schön ins Schwanken. Ja, und ich? „Jau, dou settet dik unner di Ledder", meinte Hermann. Es war gegen 21.30 Uhr, als rechts hinter Hommels vorgeschobener Fichtendickung mehrere Stücke Damwild in Anblick kamen. In der Nähe der Leiter war eine Rübenmiete, sicherlich war sie das Ziel dieses starken Rudels. Ich zählte vierzehn Stücke, Hirsche aller Klassen, Alt- und Schmaltiere.

Wir konnten uns von oben nach unten und auch umgekehrt nicht verständigen, und mir war unklar, warum Hermann bei den guten Mondverhältnissen und der Schneelage auf den soeben freistehenden alten Hirsch nicht schoß. Fast eine halbe Stunde spielte sich das Schauspiel vor uns ab, ich hätte längst ein schwächeres Stück erlegen können. Ob er trotz der Kälte eingeschlafen war? Nein, das konnte nicht sein, denn der Rauch seiner immer brennenden Zigarre schlug durch den leichten Wind zu mir herunter.

Ich wurde immer nervöser, Wolken zogen heran, bald würde der Mond verdeckt sein. Nun war es soweit, das Damwild zog unruhig hin und her. Hatte es Wind bekommen oder hatte Hermanns Fernglas im Mondlicht gefunkelt? Da, jetzt kamen dunkle Gestalten aus dem Wald, wir hatten inzwischen 23 Uhr, meine Füße und Hände waren zu Stein verfroren, ich versuchte zu zählen: Vorne ein starkes Stück, wahrscheinlich die Leitbache, Überläufer und angehende Sauen standen jetzt an der Rübenmiete. Das Damwild hatte fluchtartig das Weite gesucht.

Nun beherrschten nur noch die Sauen die Bühne. Ja, es war wirklich wie in einem Film. Nun wurde es dämmerig, die Wolkendecke hatte sich vor den Mond geschoben – kein Büchsenlicht mehr. Ob Hermann das alles wohl mitbekommen hatte? Oder hatte ihn der

Schlaf übermannt? Jetzt bewegte sich die Leiter, er baumte ab. Was geschah mit den Sauen? Die Wolken zogen doch mal weiter, jetzt hätte ich zum ersten Mal Gelegenheit gehabt, so ein „Ungetüm meiner Jugendjahre" selbst zur Strecke zu bringen.

Als Hermann von der Leiter runter war, meine erste Frage: „Warum haben Sie denn nicht geschossen?" Die Antwort: „Do was ken schwieres Stöck dabie". Was? Kein schweres Stück dabei? Diese Antwort warf alle meine mühselig gepaukten Fragen in der Jägerprüfung über den Haufen. Ja, so waren unsere Altvordern teilweise. Hermann ist leider in die Ewigen Jagdgründe übergewechselt, und zu seiner Ehre muß gesagt werden, er war ein Heger vor dem Herrn.

Ein neuer Pächter hielt Einzug. Ich hatte das Glück, in diesem schönen Revier freie Büchse zu bekommen. Dafür kümmerte ich mich um alle Arbeiten, die mit einer Jagd zusammenhängen wie Wildschadenabwehr, Wildschadenschätzung, Fütterung, Hochsitze und vieles mehr. Ausführende standen mir bei dieser angenehmen Arbeit kostenlos zur Verfügung, so daß nach meinen Wünschen vieles im Revier geändert wurde.

„Hermann Löns" hatte mir erzählt, daß ihm der Erdsitz auf dem Riepen viel Erfolg gebracht hätte. Hier wollte ich mein Glück versuchen. Dieses Erdloch bestand aus einer überdachten klapprigen Kiste mit Sehschlitz vor dem etwa 100 Meter entfernten Wald. Es war Herbst, Dreiviertel-Mond, als ich mit meiner Frau Waltraud diesen Sitz bezog. Schwierigkeiten gab es schon beim „Einsteigen" in die Kiste, denn es sollte alles möglichst geräuschlos vonstatten gehen.

Noch warf der Mond einen etwa 30 Meter breiten Schatten am Waldrand. Später, gegen 22.30 Uhr, sah ich schemenhaft Bewegungen im Bereich des Waldrandes. Sauen, viele, aber mehr war nicht zu erkennen. Die starke Rotte traute sich nicht aus dem Schatten des Waldes auf das helle Stoppelfeld. Minuten wurden zu Stunden, der Wind stand gut, das Schußlicht reichte so gerade aus. In Hämelschenburg schlug die Uhr der Schloßkapelle gerade die Mitternachtsstunde, als Bewegung in den schwarzen Haufen kam.

Ja, als erstes zog die Leitbache vorsichtig sichernd auf die hellen Stoppeln, sie gab einen kurzen Laut von sich, und schon folgte die starke Rotte. Alle suchten sie in dem liegengebliebenen Stroh nach Druschabfällen und Mäusen. Zu zweit zählten wir 32 Stück Schwarzwild, eine Großfamilie mit allen Altersklassen. Vorsichtig versuchte ich, meine Bockbüchsflinte mit vierfachem Glas durch den Sehschlitz zu schieben. Mit Schrecken stellte ich fest, daß die erhöhte Montage meines Zielfernrohres dabei Schwierigkeiten bereitete.

Die Sauen zogen immer näher, Jagdfieber kam auf, die erste Sau – ich hatte mir einen schwachen Überläufer ausgesucht – sollte fallen. „Bums" machte es, die Klappe des Sehschlitzes war heruntergefallen. Schlagartig war die Bühne leer, und ich ärgerte mich fürchterlich über diesen Lapsus. Wir harrten noch bis weit nach Mitternacht aus, doch von Sauen keine Spur mehr.

Dieses Erlebnis war für mich eine Lehre. Ab sofort prüfte ich Jagdeinrichtungen aller Art auf ihre Brauchbarkeit, und seitdem habe ich mir angewöhnt, sofort nach Besteigen eines Hochsitzes, sobald sich die Augen an die Dunkelheit gewöhnt haben, zur Probe durch das Zielfernrohr zu schauen. Wie oft kommt es vor, daß die Sehschärfe nicht richtig eingestellt oder das Glas beschlagen ist. Vielleicht paßt auch die Höhe der Gewehrauflage nicht, und man muß durch Unterfüttern des Allerwertesten Differenzen ausgleichen.

Ja, um zum waidgerechten und erfolgreichen Jäger zu werden, bedarf es außer der Jägerprüfung noch viel praktischer Erfahrung. Mein Suchen nach Fernwechseln der Sauen im Revier, aber auch im nachbarlichen Staatsforst, brachte mir wertvolle Erkenntnisse. Bei der ersten „Neuen" wurde fleißig abgefährtet, wobei ich immer wieder feststellte, daß die Sauen sich bei dem ersten Schnee nur ungern aus den Dickungen wagten. Meistens zogen sie in östlicher Richtung gegen den Wind. Wechselte der Wind, wichen die Sauen auf Nebenwechsel aus.

„Auf dem Riepen", dem Feld angrenzend, befand sich eine bürstendichte Fichtendickung, die Abteilung 13. Diese Zahl hatte es wirklich in sich. In der Mittagszeit ging ich pfeifend als harmloser Spaziergänger verschiedene Fährten aus und gelangte nach monatelanger Arbeit in dieser Dickung an eine Suhle. Hier war wirklich was los! Malbäume zeigten an, daß dort ständig Betrieb herrschte. Mein Plan war gefaßt. Hier und nirgendwo anders mußte eine Ansitzmöglichkeit geschaffen werden!

Lange hatte ich überlegt, ob es richtig wäre, an dieser so vertrauten Stelle des Schwarzwildes menschliche Wittrung in die Dickung zu bringen. Es gab also zunächst eine Ersatzlösung. Fünfzig Meter weiter am Dickungsrand verlief ein Holzabfuhrweg, der – wenn auch selten – von Spaziergängern frequentiert wurde. Dies hatten die Sauen bislang ja auch wohl akzeptiert. Hier würde es nicht auffallen, wenn zwischen anderen menschlichen Abdrücken auch mal die „Klotzsche Fährte" stand. Auf diesem Waldweg gab es eine seichte Stelle, die ich schnell als Suhle herrichtete. Mit Spaten und „Schüppe" ging es an die Arbeit, mit vergrabenem Mais wurde etwas nachgeholfen. Den Rest würden die Sauen dann schon selbst übernehmen.

Nach wenigen Tagen hatten die Sauen diese Kunstsuhle tatsächlich angenommen. Nun wollte ich auch endlich mal „Waidmannsheil" haben. In einer noch etwas wackeligen Buche errichtete ich mir eine provisorische Leiter. Herunterhängende Äste und andere Bäume ließen nur eine Ansitzhöhe von etwa fünf Metern zu. Dieser erste von mir selbst gebaute Notansitz befand sich also jetzt etwa dreihundert Meter von der Feldkante am Fichtendickungsrand mit Blick auf die Kunstsuhle. Links gemischter Laubholzbestand. Schußentfernung zum Wasserloch etwa 30 Meter. Wege-Einsicht ungefähr 100 Meter.

Es rückte die Zeit des Wildschadens in den Feldern näher. Das Getreide stand direkt bis zum Waldrand, ein Ansprechen des Wildes war nicht möglich. Seinerzeit wurde auch das Stroh noch einer Verwendung zugeführt, so daß Weizen und Hafer so hoch standen, daß man Schwarzwild nur auf niedergewalzten Freiflächen hätte eventuell bejagen können. Von selektivem Abschuß konnte da keine Rede sein.

Hier versuchte ich es mit einer selbstgebastelten, transportablen Eisenleiter, die mitten in den Schadflächen aufgestellt wurde. Die Leiter hatte nur einen Nachteil: sie war viel zu niedrig. Oft wechselte Schwarzwild an, aber immer wieder schaffte es die Leitbache, die ganze Rotte mit einem Warnlaut im Wald zu bannen. Schwarzwild äugt schlecht, unterscheidet nur zwischen hell und dunkel, vernimmt aber ausgezeichnet und ist vor allem mit einem Geruchssinn ausgestattet, der die Qualitäten von Hunden weit übersteigt. Die Ansitzmöglichkeiten müssen wenigstens sieben bis acht Meter

26

hoch sein, bei Windrichtung gegen den Wechsel ist der Erfolg gleich Null. Da hängt man ganze Nächte auf so einer unbequemen Leiter im Feld, hört Sauen im Gebräch stehen und kommt nicht zu Schuß. Das war ich aber nun endgültig leid. Da beim Abendansitz an der künstlichen Suhle im Wald der Wind immer schlecht war, bestand nur noch die Möglichkeit, beim Frühansitz die eventuell mit dem Wind ziehenden Schwarzkittel zu überlisten. Um das Wild im Feld nicht zu stören, nahm ich mit dem Pkw den Umweg über den Büsseberg in Kauf. Dort, weitab vom Wechsel in einer tiefen Schlucht, stellte ich an dem Morgen mein Fahrzeug ab. Damals, in den besten Jahren, so um die dreißig, waren körperliche Belastungen kein Problem. Ein langer Pirschweg, der nach meiner Weisung von der ganzen Familie gepflegt wurde, führte zu der Leiter an der Kunstsuhle.

Ich kam lautlos dort an, baumte auf und harrte der Dinge, die da kommen sollten. Ja, und sie kamen auch, aber anders als ich gedacht hatte. Gegen fünf Uhr, die Sonne war bereits aufgegangen, hörte ich links von mir im Bestand Rauschen und Quietschen von Sauen. Sie waren wohl etwas spät dran, der Weizen im Feld hatte sie zu lange in Atem gehalten. Nun schien ihnen der Waldweg aber doch zu hell und damit zu risikoreich. Sie entschieden sich dafür lieber für das – wenn auch lautere – Ziehen im geschlossenen Stangenholz. Jetzt konnte ich mit dem Glas schemenhaft einige Überläufer zwischen den jungen Buchen ausmachen. Voller Jagdfieber suchte ich mit meiner Brünner Bockbüchsflinte 7 x 57 eine geeignete Lükke. In Sekundenschnelle hatte sich der Spuk aufgelöst. Also, dieser Trick schien auch nicht zu klappen.

Aber wer auf Schwarzwild waidwerkt, braucht Schwielen am Hintersten, Sauen lassen sich in der Regel nur ersitzen. Es wurde jetzt immer schlimmer mit mir. Jede freie Minute bei einigermaßen gutem Büchsenlicht verbrachte ich auf dieser ominösen Leiter. Tagelang nichts, trotzdem erneuter Schaden im Feld, dazu sich anbahnender Ärger zu Hause. Häufig die Frage meiner Frau: „Hast Du auch noch eine Familie?" Ja, die Passion ging mit mir durch. Trotz beruflichem Streß war die Rettung vor dem Telefon der unbekannte Hochsitz im Revier. Aber wann würde ich es schaffen, meine erste Sau zu erlegen? Das fragte ich mich nun schon seit zwei Jahren.

Mein zweiter Wohnsitz

In meinen geheimen Träumen faszinierte mich immer noch die versteckte Suhle in der Abteilung 13.

Hier, an vertrauter Stelle, würde sich das Schwarzwild bei gutem Büchsenlicht selektiv bejagen lassen. Und darum ging es mir von Anfang an: Schwarzwild waidgerecht und planvoll zu bejagen und nicht bekämpfen; Leitbachen erhalten und dadurch Wildschäden weitgehend vermeiden; starker Eingriff in die Frischlingsklasse, wenn auch im Feld zur Sommerzeit fast nicht machbar.

Die Arbeit begann. Nur über die Mittagszeit wurde mit Gummistiefeln gearbeitet an einem freizuschlagenden Pirschsteig vom Holzabfuhrweg in die Dickung. Das bewußte Wasserloch in einer Größe von etwa 6 x 6 Metern bot natürlich kein Schußfeld. Das Gelände wollte ich aber auch nicht gern verändern, also mußte zunächst eine Leiter direkt an die Suhle. Ob das mit dem Schußwinkel klappen würde? Ich mußte steil von oben auf etwa 20 Meter schießen.

An einem Samstag brach ich um 3 Uhr in der Früh auf. Es war völlig windstill, und nur dann schien ein Erfolg möglich. Wind ist ja bekanntlich der größte Feind bei der Sauenbejagung. Um 3.45 Uhr saß ich bereits auf der hohen, steilen Leiter an der Suhle. Um 5.15 Uhr – es war schon bereits gutes Büchsenlicht – standen plötzlich, ohne daß ich vorher Geräusche wahrgenommen hatte, sieben Frischlinge in Reih und Glied an der Suhle. Sofort fiel mir auf, daß die Sauen noch graubraun gefärbt waren und eine Bache fehlte.

Die Entscheidung fiel nicht schwer. Diese kleinen Höpper auf so eine nahe Distanz steil von oben sauber ins Zielfernrohr zu bekommen, erwies sich jedoch gar nicht so einfach. Zudem befanden sie sich auch immer in Bewegung, und auf dieser kleinen Fläche von den sieben einen frei zu bekommen, verlangte Geduld und Ausdauer. Schließlich stand endlich einer frei. Hoch oben am Kamm das Ziel erfassen und Schuß. Mit Tiefblattreffer machte er noch drei Fluchten und verendete. Die übrige Bande war verschwunden. Nach einer Pfeifenlänge baumte ich ab. Da lag es nun, mein *erstes*

Stück Schwarzwild. Es wog etwa 15 Kilogramm aufgebrochen, und ich war unsagbar stolz über diesen Hegeabschuß.

Wie im Berufsleben so fängt man auch im Jägerleben klein an, für mich war es ein einmaliges Erlebnis.

Nach diesem ersten Erfolg beschloß ich, Woche für Woche eine Fichte wegzunehmen, um auf etwas weitere Distanz einen festen Hochsitz in einer Fichte bauen zu lassen. Alles mußte vorsichtig und überlegt durchgeführt werden. Wir arbeiteten auch jetzt nur mit Gummistiefeln, um zu vermeiden, daß menschliche Wittrung auf dem Erdboden zurückblieb. Auch genäßt wurde nicht in dieser Dickung. Ständig beobachtete ich, ob die Suhle auch weiterhin angenommen wurde. Es glückte.

Nach Monaten mußte eine etwas ältere Fichte den kleinen Hochsitz aufnehmen. Er gab nur Platz für zwei Personen, und man konnte nur nach vorn und nach links schießen. Alles übrige war Dickung. Die Schießscharten hatte ich von innen mit aufrollbarer Lkw-Plane verschlossen. Je nach Windrichtung wurde eines der provisorischen Löcher geöffnet. Hauptsache, das Ding hatte ein Dach. Als Standort hatten wir die Südseite des Suhlenloches gewählt, damit der meistens aus westlicher und im Winter häufig aus östlicher Richtung stehende Wind möglichst keine Wittrung an den Hauptwechsel verschlug.

Nach den ersten Ansitzen stellte ich fest, daß das ganze Ding gehörig wackelte. Als Försterssohn ist man normalerweise kein Baumfrevler. Die Fichte hatte aber nun schon einige Nägel in Kauf nehmen müssen. Jetzt mußte auch noch die Spitze oberhalb des Hochsitzdaches dran glauben. Aber damit hatte die Wackelei ein Ende! Im Winter war der Weg dorthin mit dem Pkw nicht passierbar. Was gab es für eine Lösung? Ich fuhr zum Militärflughafen Hannover und besichtigte einen Jeep DKW-Munga. Probefahrten auf dem Kasernengelände ergaben zwar nicht gerade die besten Eindrücke, aber kosten sollte der Jeep ja auch nicht viel. Es klappte, für 1000 Mark erhielt ich ein fahrtüchtiges Vehikel, mit dem ich stolz nach Hause fuhr. Nun kam die Praxis. Die Profile der Reifen waren einigermaßen, nur der Anlasser streikte gerne mal bei Kälte. Fahrkomfort brauchte ich nicht, geländegängig sollte er mich aber über den Büsseberg zur Suhle bringen.

Es wurde Oktober/November, und damit begann die Rauschzeit beim Schwarzwild. Jetzt müßte es eigentlich klappen, mal einen wirklich alten „Bassen" zur Strecke zu bringen. Der Hochsitz war natürlich auf halber Höhe offen, und man mußte sich schon warm anziehen, um drei bis fünf Stunden auszuhalten. Selbst mit dem Jeep fuhr ich bis auf höchstens 200 Meter an die Suhle heran, um das Wild nicht zu vergrämen. Dann mußte ich mit meinen sieben Sachen aber noch einen sehr steilen Hang überwinden. Mit doppelter Unterhose und Fellstiefeln kam man dabei regelmäßig ganz schön ins Schwitzen, und zu der Zeit mußte ich zudem noch meinen gepflegten Bierbauch mitschleppen.

Auch ohne Mondschein langte bei Sternenlicht und geschlossener Schneedecke das Schußlicht aus. Man kann über das „Ankirren" positiv oder negativ denken, aber ohne ein paar Hände voll Mais geht es häufig einfach nicht. Hierzu möchte ich aber sagen, daß ich bei einem selektiven Abschuß nur auf schwache Frischlinge, schwache Überläufer und starke Sauen waidwerke. Viele Gelegenheiten, ein mittelaltes Stück zur Strecke zu bringen, habe ich in Anbetracht der Hege nicht genutzt. Nur diese Art der Bejagung kann uns langfristig wieder „Hauptschweine" vor die Büchse bringen.

Gegen 19.30 Uhr hatte ich aufgebaumt. Bei etwa sechzehn Grad minus harrte ich der Dinge, die da kommen sollten. Gefährtet hatte ich genügend Schwarzwild, aber wo würden die „Zigeuner" heute nacht hinziehen? Aus den vielen Ansitzen war mir bekannt, daß die Sauen meistens zwischen 21 Uhr und 23 Uhr anwechselten. Heute aber war alles anders. Ich saß noch keine Viertelstunde, als links hinter mir in der Dickung ein höllisches Getöse einsetzte. Schnaufen, Schlagen, Quietschen, lauter und schlimmer als in jedem Schweinestall. Äste brachen, und ein Gepolter auf dem gefrorenen Erdboden bei etwa 20 Zentimetern Schneehöhe entfachten mein Jagdfieber bis aufs Äußerste. Es klang alles so nah, und es war doch nichts zu sehen. Nach links hinten hatte ich auch kein Schußfeld.

Vorsichtig steckte ich meinen Kopf aus der Luke, und nun sah ich sie: eine ganze Rotte wild durcheinander, dazwischen zwei starke Keiler, die um die Gunst der rauschigen Bachen kämpften. Ein gewaltiger, uriger Anblick, mit welcher Kraft alle schwachen Stücke zur Seite gefegt wurden.

Alles bewegte sich direkt auf meinen Hochsitz zu. Zum ersten Mal sah ich, wie ein Hauptschwein eine Bache beschlug. Das paßte dem gleichstarken zweiten Keiler gar nicht. Sie gingen aufeinander los und schoben sich bis an meinen Ansitz. Es klingt wie Jägerlatein, aber sie rangelten direkt an meiner Hochsitzleiter. Der eine Keiler drückte den anderen gegen die Sprossen des Ansitzes. Das ganze Ding wackelte, ich sah deutlich den Schaum vor dem Gebrech dieser urigen Sauen, nur diese beiden beherrschten die Szene. Die Rotte stand mäuschenstill hinter dem Hochsitz und wartete auf den Sieger. Mit der Büchse wandte ich alle meine sportlichen Fähigkeiten an, aber auf eine Distanz von sieben Metern war aus dieser Situation ein Schuß von oben nicht möglich. Der lockere Schnee stob in die Luft, trotz der Kälte von inzwischen sicherlich 20 Grad minus dampften die beiden Rivalen. Auch meine Kälte war durch diesen Anblick wie weggeblasen. Urplötzlich verschwanden beide Stücke in der Dickung.

Nach zehn Minuten mischte sich einer der beiden wieder in die Rotte. Der andere mußte wohl woanders auf Brautschau gehen.

Lieber Leser, so etwas in freier Natur erleben zu dürfen, ist ein Geschenk Gottes – auch wenn es mit dem Schuß nicht geklappt hatte. Noch eine gute Stunde blieb ich sitzen, einerseits mußte ich mich selbst erst mal von diesem gewaltigen Anblick erholen, andererseits dachte ich mir aber auch, daß der abgeschlagene Keiler vielleicht an den Ort des Geschehens zurückkäme. Nach 24 Uhr baumte ich ab und pirschte in Richtung Jeep. Schon an die wohlige Wärme im Bett denkend, bestieg ich das neu erstandene Fahrzeug. Anlassen, nichts tat sich. Noch einmal drehte ich den Zündschlüssel – erneut nichts. Immer wieder probierte ich es. Nichts, aber auch gar nichts rührte sich. Es war zum Verzweifeln, wahrscheinlich war das Fahrzeug nicht auf extreme Kälteverhältnisse eingestellt. Alle Raffinessen, das Ding in Gang zu bringen, mißlangen.

Jetzt hatte ich die Schnauze voll. Mit Sack und Pack machte ich mich durch den tiefen Schnee auf den Heimweg. Inzwischen hatte es sich bewölkt, leichter Wind kam auf, der Wind blies mir die ersten Flocken ins Gesicht. Nach 45 Minuten anstrengendem winterlichen „Militärmarsches" erreichte ich mein Zuhause. Waltraud hatte sich Sorgen gemacht und war bereits aufgestanden. Schal und

Parka rund um meinen Mund waren vereist. Wenn ich auch kein Waidmannsheil hatte, es ist eine meiner herrlichsten jagdlichen Nächte geblieben. Bei einigen starken Gläsern Rum erzählte ich im Kaminzimmer meine Erlebnisse.

Und ich muß ganz ehrlich zugeben, daß ich die sexuellen Darbietungen, die ich an dem Abend vor meiner Kanzel belauscht hatte, noch mehrfach schauspielerisch im engen Freundeskreis zum besten gegeben habe.

Ein in die Mitte des Zimmers gestellter Stuhl diente als Malbaum, auf allen Vieren kriechend hinterließ ich zunächst mit meinem Gebrech Speichel als Duftmarkierung. Dann kroch ich, laut grunzende Lock- und Werbelaute von mir gebend, durch das Zimmer, auf der Suche nach einer rauschigen Bache. Mit viel Gestik erfolgte dann die geruchreiche Genital-Kontrolle an der imitierten Bache. Ich, als Keiler, schob mich dann durch Nachstemmen und Strecken der Hinterläufe und durchgedrückten Vorderläufe auf die Bache. Die Fantasie-Bache blieb nicht stehen, so daß ich dann zweibeinig aufgeritten der Braut folgte. Gegen Ende der Kopulation fiel der Keiler völlig erschöpft zur Seite. Und ich muß sagen, ich kam mir dabei nicht wie ein Clown vor, nein, ich hatte das Bedürfnis, meinen Jagdfreunden das in der Natur Erlebte und Erkennen von Schwarzwild dadurch besser verständlich zu machen. Natürlich gab es dabei viel Spaß, und die Vorstellung klappte eigentlich am besten, wenn ich durch etwas Alkohol stimuliert war. Es war keine „Schweinerei", wie manch einer vielleicht jetzt glauben könnte. Nein, es war eine rein fachliche Unterweisung in Sachen Rauschzeit unter guten Jagdkameraden.

Die langen Gesichter

Es ist schon eine besondere Freude, wenn man hin und wieder mal eine Jagdeinladung bekommt. Wenngleich das Revier im Emmerthal eigentlich alle Wildarten darbot, so sind andere Landschaftsstrukturen und Biotope immer wieder ein besonderer Anreiz. Dieses mal kam eine Einladung eines Feldpächters am Rande des Elms, in der Nähe von Helmstedt.

Der Eigenjagdbesitzer hatte eine stattliche Anzahl Schützen gebeten, es galt den Hasen, Fasanen und Kaninchen. Soweit ich mich erinnere, waren wir ungefähr dreißig Schützen. Sehr gute Vorstehhunde kamen zum Einsatz. Ja, und was nahm man zu so einer Jagd für eine Waffe mit?: Selbstverständlich eine Doppelflinte!

Die Jagd begann mit einem Vorstehtreiben direkt bis an die Zonengrenze. Unsere Freunde von der anderen Seite beobachteten von ihren Wachtürmen aus unser Tun. Sicherlich wäre der eine oder andere gern bei uns gewesen. Wie mir der Beständer des Reviers sagte, hat er in jagdlicher Hinsicht guten Kontakt zur „anderen Seite unserer deutschen Freunde". Ja, es geht sogar soweit, daß man vor Treibjagden die Kollegen von nebenan davon unterreichtet. So kommt es nicht zu unnötigem Auflauf von zusätzlichen Grenzbeamten.

Erstaunlich, welch eine große Anzahl von Fasanen und Hasen sich in unmittelbarer Nähe des Grenzzaunes gedrückt hatten. Hier ist es mir eigentlich zum ersten Mal passiert, daß ich schon des Mittags ohne Munition dastand. Ein Jagdnachbar half mir freundlicherweise aus. Nach dem Mittagessen mit einer deftigen Erbsensuppe aus der Gulaschkanone des Bundesgrenzschutzes wurde ein großes Kesseltreiben angelegt.

Stellen Sie sich bitte einmal ein leicht hügeliges, unbewaldetes Gelände vor. Einziger Anhaltspunkt zur Orientierung der Treiber und der Schützenkette, war ein ungefähr zwanzig mal zwanzig Meter großes Dornengestrüpp. In einer Entfernung von etwa 1000 Metern bewegte sich das ganze Treiben auf diesen Dornenhaufen zu. Der Kessel wurde immer kleiner, Fasanen und Hasen kamen in

Hülle und Fülle zur Strecke. Es war in der Tat ein Eldorado für Niederwild. Ganz grob überschlagen fielen in diesem Treiben bisher achtzig Schüsse. Dann kam das Signal „Treiber rein". Mitten in diesem freien Feld standen wir jetzt alle ungefähr 150 Meter um dieses Dornengestrüpp. Die schon etwas müden Hunde zogen nun fast geschlossen auf diesen zu. Gespannt erwarteten wir alle, was hier noch herauskommen würde. Ich rechnete eventuell. mit einem Fuchs, der hier sicherlich bei dem hohen Niederwildbestand ein gutes Auskommen hätte.

Die Hunde gaben in dem Dornengestrüpp Standlaut, ein wildes Gequietsche und Gebeiße war zu vernehmen. Der Eifer der Hunde wollte kein Ende nehmen, der Jagdherr ließ das Treiben abblasen, und alle versammelten wir uns an diesem Dornenhaufen. Es verstärkte sich immer mehr der Gedanke, daß eventuell ein Fuchs seine sichere Behausung nicht verlassen wollte.

Es begann das übliche Palaver, und eine Schnapsflasche machte gerade die Runde. Es sollte noch ein weiteres Treiben stattfinden. Deshalb bat der Jagdherr die Hundeführer, ihre Helfer nun endlich heranzuholen. Nach gutem Zureden befanden sich neun der zehn Hunde wieder an den Riemen. Der letzte Hundeführer kroch in die Wildnis, um seinen Münsterländer gut zuzureden, doch endlich mit dem Gekeife aufzuhören.

In dem Stimmengewirr der vielen Jäger und Treiber ließ plötzlich ein Hilfeschrei alle aufhorchen, und im gleichen Augenblick erschien der Hundeführer im Rückwärtsgang aus dem Dornengestrüpp, verfing sich mit dem linken Stiefel in den Dornen, fiel rückwärts zu Boden, und ein schwarzes Ungeheuer von Sau fegt über ihn hinweg, seitlich auf etwa zwanzig Meter an uns vorbei über das freie Feld bis zum ungefähr zwei Kilometer entfernten Wald. Deutlich war es auf diese kurze Entfernung und bei dem guten Licht zu sehen, daß es sich hier um einen reifen Keiler handelte.

Lange Gesichter, es war Hahn in Ruh, und eine Brennecke hatte, wie sich später herausstellte, keiner dabei. Lange war dieses Erlebnis der Hauptdiskussionspunkt beim abendlichen Schüsseltreiben. Hiermit hatte nun wirklich keiner gerechnet. Man hätte annehmen müssen, daß durch die vielen vorher auf Hasen und Fasanen abgegebenen Schüsse der Keiler sich früher aus dem Staub machen

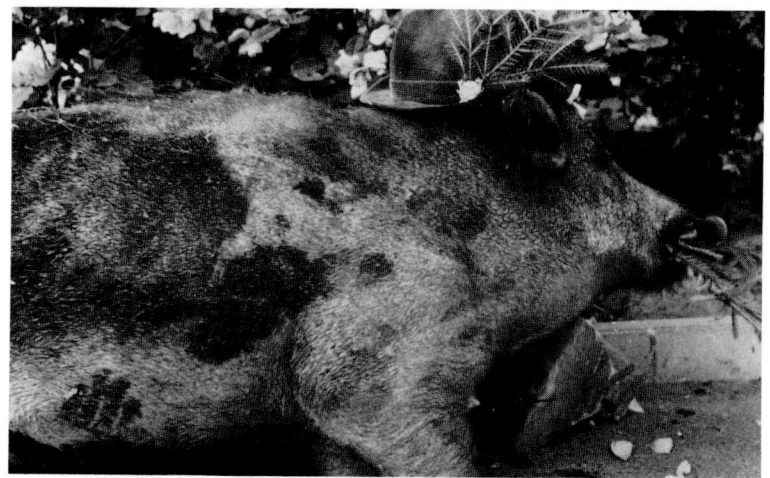

Meine stärkste Sau.

Eine schwierige Bergung.

35

Schwarzwild-Symposium in Bad Driburg am 9. 3. 1984.
von links: Prof. Dr. med. H. H. Chelius, Dr. Heinz Meynhardt und der Verfasser.

Schwarzwild-Symposium in Bad Driburg. Der Verfasser mit Gymnasial-Professor Richard
Finke, von Konrad Lorenz zum Keiler h. c. ernannt.

würde. Das war wieder ein einschlägiger Beweis für die These, daß einzeln ziehende Stücke sich gern in Randrevieren aufhalten. Auch diese Begebenheit unterstreicht, daß es sich lohnt, Schwarzwild richtig zu bejagen. Und auch Niederwildjagden haben die Möglichkeit, mal einen starken und reifen Erntekeiler zur Strecke zu bringen. Gerade dieser Aspekt macht das Schwarzwild so interessant.

Der Wurfkessel

Nun sind wir wieder im schönen Emmerthal. Im vorderen Teil der Abteilung 13, also direkt an das Feld angrenzend, stand eine Fichtenkultur. Die Bäumchen hatten eine Höhe von ungefähr fünfzig Zentimetern. Die mit Farn und Gras dicht vermischten Freiflächen lagen bei gutem Wetter eigentlich ganztägig unter Sonneneinstrahlung.

Der Vorsitzende unserer Jagdgenossenschaft, Wilhelm S., rief mich an und schlug vor, diesen Teil der Kultur wegen des hohen Verbisses durch Reh- und Damwild zu gattern. Wilhelm war ein besonders rücksichtsvoller und bedächtiger Mensch. Wir vereinbarten einen Termin zur Ortsbesichtigung.

Ich weiß es noch wie heute: An einem Samstag um 15 Uhr trafen wir uns auf dem Riepen. In der Tat war der Bestand durch den Verbiß in einem desolaten Zustand. Hier mußte Abhilfe geschaffen werden. Besonders in diesem Teil der großen Abteilung verlief auch ein starker Sauwechsel. Wir gingen an diesem schönen Märztag laut gestikulierend durch die Kultur. Farn und Kraut waren durch die gute Lichteinstrahlung sehr hoch aufgeschossen, und Wilhelm meinte noch, hier sollten wir mal die kleinen Fichten freimachen.

Das war dann aber auch zunächst sein letzter Satz. Mein Begleiter stolperte und fiel ziemlich sanft in einen großen Grashaufen, der sich allerdings blitzartig zu einem Schlachtfeld zwischen ihm und einer dort eingeschobenen Bache entwickelte. Es wimmelte an allen Ecken von ungefähr acht Tage alten Frischlingen. Die Bache attackierte uns mit hoch aufgestellten Federn. Ich versuchte durch Schreien und In-die-Luft-springen die Bache von Wilhelm abzulenken. Die ungefähr zwei Jahre alte Bache setzte sich mit aller Vehemenz zur Wehr und verteidigte ihre Frischlinge. Es quiekte fürchterlich und die Warn- und Angriffslaute des Stückes vermischten sich mit unseren erschrockenen Worten zu einem undefinierbaren Getöse.

Nach ungefähr fünf Minuten, die uns natürlich wie eine halbe Stunde vorkamen, konnten wir Abstand von dem Kessel gewinnen. Auf fünfzehn Meter Entfernung standen wir reglos da, während die Bache mit Such- und Locklauten ihre verstreuten Zöglinge wieder zum Kessel rief. Gott sei Dank ignorierte sie uns jetzt und war nur damit beschäftigt, das Heim für ihre Kinder wieder instandzusetzen. Und im Nu war von den Kleinen nichts mehr zu sehen. Die Bache selbst stand am Rande ihrer Burg, stark windend und immer größer werdend. Wilhelm und ich schauten uns nur an und hatten den gleichen Gedanken: nichts wie weg von hier. Wir schlichen uns auf leisen Sohlen aus dem Wald und atmeten erst auf, als wir das freie Feld erreicht hatten.

Die Gatterung der Kultur wurde noch um einige Wochen verschoben, um die Bache in ihrem Einstand nicht noch einmal zu stören. Meinem Wunsche entsprechend, erhielt der durch die Einzäunung führende Hauptwechsel einige Sauklappen. Somit konnten die Sauen weiter ungestört ihre Fährte ziehen, und die Fichten waren trotzdem vor Reh- und Damwildverbiß geschützt. Aus dieser Begegnung mit einer Bache im Wurfkessel zieht man seine Lehren. Tunlichst vermeide ich es jetzt, im Frühjahr solche Waldbestände zu betreten.

Lange Monate und wachsame Nächte waren abgesessen, als ich am 13. Januar die zweite Streckenmeldung verbuchte. Im weiten Emmerthal hatte die Sonne den Schnee schon geschmolzen, auf den Hängen des Krähenmizgrundes aber war noch alles weiß. Waltraud, meine liebe und verständnisvolle Frau, brauchte den Wagen, sie mußte dringend nach Bad Driburg. Der Jeep war – wie so oft – in der Werkstatt, einen Zweitwagen besaßen wir damals noch nicht. Also mußte es diesmal anders gehen.

Auf Schusters Rappen marschierte ich mit voller Montur in den Krähenmizgrund. Dort am Hang in Abteilung 13 hatte ich eine Leiter aufstellen lassen. Die Jungfichten wiesen hier erst eine Höhe von etwa achtzig Zentimetern auf, so daß man weit über das Tal bis auf den Mittelbrink sehen konnte. Zwanzig Zentimeter Harschschnee, dreiviertel Mond, 6 Grad Minus. Bei Sonnenuntergang um 17.30 Uhr saß ich schon an. Ich beobachtete bis 20 Uhr neun Stücke Rehwild, dreizehn Hasen und einen Fuchs. Von 20 Uhr bis 22 Uhr herrschte Pause. In der Ferne vernahm ich ein einzelnes Stück Wild. Ein Damhirsch! Lange klüngelte er in der Fichtenverjüngung herum, als er plötzlich, ohne in meinen Wind zu kommen, aufgeregt absprang. Bei der mondklaren ruhigen Nacht hörte ich dann das Heranziehen von Schwarzwild, beobachtete auf circa 300 Meter im Wald zwei schwache Stücke. Sie zogen in den Fichtenreihen in meine Richtung. Ich saß ziemlich frei. Zuerst deckte ich das Zielfernrohr mit meinem Taschentuch gegen das Blinken des Mondes ab, da war das erste Stück auch schon auf 80 Meter heran. In der Tat, zwei schwache Überläufer.

Lange verhoffte das vorderste Stück hinter einer Fichte, nur Haupt und Pürzel waren zu sehen. Jagdfieber kam auf! Zieht es nun weiter? Da, für einen Augenblick stand das Stück zwischen zwei Fichten frei. Ich nahm Maß und hielt hinter die Teller. Im Schuß brach das Stück zusammen. Nach einer Zigarettenpause baumte ich ab und zog den Überläufer bis an den festen Weg. Dort, an einem alten Weidezaun, brach ich ihn auf und hievte die etwa 30 Kilogramm mit viel Kraft auf den Zaunpfahl. Ich hatte Angst, er würde vielleicht vom Fuchs angeschnitten. Aber hier konnte sie doch nicht die ganze Nacht hängen bleiben? Also, auf zu meinem Nachbar Lothar, ebenfalls passionierter Jäger und vorbildlicher Hegeringleiter. Unsanft klingelte ich ihn aus dem Bett. Mit seinem damaligen VW schafften wir es mit viel Mühe, auf dem vereisten Weg vorwärts zu kommen. Tagsüber hatte die Sonne das Eis aufgetaut, abends war alles spiegelglatt. Um 23.30 Uhr erreichten wir die Gastwirtschaft „Zum schweren Dragoner", wo uns die nette Wirtin Irmgard mit Freuden empfing. Mit viel Zwiebeln hat Thea, die Tochter von „Hermann Löns", die Leber gebraten. Darauf gab es Durst, die Kehlen waren trocken und mußten dringend geölt werden. Das Tottrinken nahm erst gegen halb vier morgens sein Ende. Ein Schwarzkittel braucht eben seine Zeit, um in die Ewigen Jagdgründe abzuwandern. Wie würde es erst bei einem Hauptschwein aussehen?

Auf dem verlängerten Riepenweg, dem sogenannten „Gänseei", hatte ich zwischenzeitlich an einer exponierten Stelle an einer kleine Schneise der Dickung Abteilung 13 eine acht Meter hohe, offene Kanzel errichten lassen, obgleich die schmale Lücke in nördlicher Richtung, also hangabwärts, nur wenig Schußfeld bot. Aber durch die enorme Höhe könnte ich eventuell das Schwarzwild bei schlechten Windverhältnissen überlisten.

Am 6. Juni, es war der zweite Pfingsttag, ein leicht windiger, aber schöner Frühsommerabend, saß ich mit Waltraud an. Leise erzählten wir uns ein paar Witze, die uns am Abend vorher bei Freunden aufgeheitert hatten. Aufgebaumt waren wir schon um 18 Uhr. Bei dem warmen Wetter konnte man damit rechnen, daß die Sauen in der Nähe der Suhle stecken würden. Zunächst wechselte eine alte Ricke über die Lichtung. Ein Mümmelmann äste fast eine ganze Stunde am frischen Grün. Den Weg hatte ich des öfteren freimähen lassen, so daß immer wieder frisches Gras nachwuchs.

Um 20.30 Uhr sah ich rein zufällig eine einzelne Sau von rechts den Grasweg überfallen. Auffällig war der noch braune Schimmer der Schwarte. Wenn sie die Richtung beibehielt, mußte sie auf der schmalen Schluppe Richtung Suhle kommen. Fünf Minuten lag ich fertig im Anschlag, als sie plötzlich windend auf dem Gestell stand. Durch das Zielfernrohr sprach ich das Stück als ziemlich abgekommenen Überläuferkeiler an. Schräg seitlich trug ich ihm die Kugel an, ein Durchschuß des Schlundes bannte das Stück an den Anschuß. 35 Kilo können schwer werden, es waren 500 Meter bis zum Wagen, der am Pflanzengarten stand.

Eine kleine Anmerkung am Rande: Wenn in meiner Niederschrift vorwiegend Erlebnisse gebracht werden, die zum jagdlichen Erfolg führten, so liegt das einfach daran, daß ich hierbei auf die Unterlagen meines Schußbuches zurückgreifen kann. Vergessen wir nicht die vielen Nächte ohne jeden Anblick, die Tage mit Temperaturen von 30 Grad plus, wo jedem Jäger auf dem Ansitz das „kühle Blonde" vor Augen schwebt.

Aber auch gerade diese angeblich erfolglosen Ansitze haben viel zur Beobachtung der Natur beigetragen. Ob Sommer oder Winter, extrem warm oder kalt, alle Tage in der freien Natur machen auch den Menschen freier. Selbst bei Unwettern, von denen man manchmal überrascht wird, stellt man fest, daß es noch etwas Höheres auf dieser Welt gibt, das irdische Bagatellfälle vergessen läßt.

Bei stundenlangem Sitzen und Beobachten öffnet sich das Herz für das Grenzenlose dieser Erde. Wir müssen versuchen, mit den durch den Menschen geschaffenen, immer wieder neuen Veränderungen der Erdkugel und das Weltalls fertig zu werden.

Wir Jäger sind nicht die Privilegierten, als die wir leider in der Öffentlichkeit immer wieder dargestellt werden. Wir haben aber das Glück, der Natur nahe sein zu dürfen, und dieses sollten wir als Privileg dankend anerkennen.

Vor der Jagd steht immer noch die Hege. Der durch uns Jäger vorgenommene selektive Abschuß von Schwarzwild bestätigt, daß es ohne ein Eingreifen in die Natur mit der Büchse nicht geht. Ich glaube, daß die fast tägliche Begegnung mit Wald und Feld und die Registrierung der zeitlichen Veränderungen in der Natur den Glauben an etwas Höheres auf dieser Erde bekräftigt.

Zu der Zeit, von der ich gerade erzähle, befand ich mich genau im „besten Mannesalter", so zwischen Dreißig und Vierzig. Der Herbst und Winter 1965 mit schlechten Witterungs- und Windverhältnissen brachte keinen Streckenerfolg, aber dafür als Entschädigung beeindruckende Begegnungen mit Sauen.

Mitte Dezember hatte ich mir, wie so oft, beim Ansitz auf Schwarzwild einen – auf gut deutsch – einen „kalten Hintern" geholt, nachdem ich vier Stunden auf der offenen Kanzel am Pflanzengarten ausgeharrt hatte. Über den „Langenbergs Grund" war wegen des zu hoch liegenden Schnees nicht ins Revier zu kommen. So wählte ich den seltenen, teilweise durch den Staatsforst gehenden Jägernotweg durch den Krähenmizgrund.

Seinerzeit fuhr ich einen VW-Variant, ein vorzüglicher Zweitwagen für die Jagd. Nach mehrstündigem Ansitz hatte es inzwischen noch weiter geschneit, und es wurde schwierig, den schmalen Weg mit steilem Abhang bei der Schneelage zu befahren, also steuerte ich das Gefährt langsam und vorsichtig.

Bevor ich aus dem Wald herauskam, schaltete ich bergab den Motor aus, um zu beobachten, ob vielleicht am Feldrand Wild draußen stand. Nach langen Jahren kennt man ja jeden Gegenstand im Gelände, deshalb wunderte ich mich bei dem halben Mond über einen schwarzen Haufen rechts von mir mitten auf freier Wiese. War er mir beim Herauffahren nicht aufgefallen? Sicherlich hatte ein Bauer dort Brennholz gerückt, denn am Weg stand eine lange Reihe Holz aufgestapelt. Aber irgendwie paßte mir das Ganze nicht in die Landschaft. Ich fuhr noch etwa 80 Meter an diesem ominösen

Fleck vorbei und hielt leise hinter dem Brennholzstapel am Weg an, um durchs Glas zu schauen. Ich traute meinen Augen nicht: Auf etwa 70 Meter auf freier, mit Schnee bedeckter Wiese stand eine Rotte Sauen, aufgebaut in „Igelstellung". Grob überschlagen waren es acht Stücke, alle Pürzel an Pürzel in engem Kreis stehend, die Häupter nach außen. Ein Anblick, den man erst einmal verdauen mußte.

Wahrscheinlich waren die Schwarzkittel auf freiem Feld so plötzlich durch das Geräusch meines in gefrorenem Schnee rollenden Wagens überrascht worden, so daß sie keine Möglichkeit mehr sahen, in den naheliegenden Wald zu flüchten. Bei dieser Art der Aufstellung war an Schießen gar nicht zu denken. Der hohe Intelligenzquotient bei Schwarzwild war mir schon zum damaligen Zeitpunkt klar, aber von diesen Raffinessen hatte ich noch nie gehört oder gelesen. Ewig konnten sie ja nicht so ruhig dort stehenbleiben. Als ich aber äußerst vorsichtig die Wagentüre öffnete, um hinter dem Holzstoß in Anschlag zu gehen, flog der ganze Haufen explosionsartig auseinander. Zählen konnte ich sie dann gut, es waren sogar 10 Stücke. Ja, so etwas kann man nur mit Schwarzwild erleben!

Nun mußte es doch wieder mal klappen, die registrierten 45 Ansitzstunden waren um, nach der Statistik war ich wieder dran. Man läßt sich schon was gefallen, und so baumte ich mit Waltraud um 3.25 Uhr wieder auf den sehr hohen offenen Hochsitz auf dem „Gänseei" auf. Wochenlang hatte es geregnet, es bestand also Hoffnung – aber wer weiß das schon im voraus. Man glaubt ja immer an den erlebnisreichen und möglichst von Erfolg gekrönten Ansitz.

Völlige Ruhe lag über dem schönen Emmerthal, die Welt war zu dieser Zeit noch in Ordnung. Um 3.34 Uhr, es kam gerade schwaches Büchsenlicht auf, hörte ich in der anliegenden Dickung ein einmaliges Knacken. Sofort ging ich mit meiner Mauser 7 x 64 in Richtung Schneise in Anschlag. Die Schluppe war schmal, für Ansprechen und Schuß bestand wenig Zeit.

Da kam er, wuchtig aussehend, die ganze Körpermasse vorn, mit dem Fernglas ein erhabener Anblick! Urgewalten veränderten mein Inneres, auf 100 Meter Sicht ein „Hauptschwein". Sicherlich um Geräusche möglichst zu vermeiden, zog es – den Wurf immer hoch haltend – spitz auf die Kanzel zu. Wie sollte ich da einen sicheren Schuß anbringen? Desto näher „er" kam, desto mehr beutelte mich das Jagdfieber. Ich sprach zu mir selbst, glaubte fest daran, es würde klappen. Waltraud neben mir war gut instruiert (nicht abgerichtet), sie bewegte noch nicht mal die Augenlider.

Beide hielten wir die Luft an, denn nun hatte „er" sich schon auf 30 Meter genähert. Ganz geheuer schien es ihm nicht zu sein, der Keiler blieb stehen, drehte sein Haupt etwas nach links, um zu winden, da stand mein Zielstachel schon hinter seinem Teller. Schuß – und wie erstarrt sahen wir das Stück im Knall zusammenbrechen.

Höchstverdächtig, mein Vater als alter preußischer Forstbeamter hatte mir immer gesagt: „Schwarzwild ist stark im Nehmen, sofort repetieren und in Anschlag bleiben." Das tat ich auch, aber nach wenigen Minuten durfte ich erfreut feststellen, es tat sich nichts mehr. Die Freude war groß: Ein so schöner Morgen mit einer solchen Beute. Das sind Eindrücke, die man sein ganzes Leben lang nicht mehr vergißt.

Wir blieben ruhig sitzen, es war ja gerade erst vier Uhr. Wie alt mochte er wohl sein? Wenn man so von oben runter guckte und diese gewaltige Masse dort liegen sah, wurde er nach längerem Hinschauen immer älter. Wunschträume eines jeden Jägers!

Wir verhielten uns weiterhin still. Nach einer halben Stunde rauschte es im Stangenholz. Wieder stand eine starke Sau auf der Schneise, bewindete das verendete Stück. Die Bache zog wieder in die Dickung, gefolgt von ihren fünf Frischlingen. Ich hatte gar nicht daran gedacht, hiervon vielleicht einen zu schießen. Es ging auch alles zu schnell.

In meinem ganzen bisherigen Jägerleben habe ich bei der Schwarzwildbejagung niemals mehr als ein Stück je Ansitz geschossen, wenngleich ich oft genug Gelegenheit gehabt hätte, meine Strecke zu erhöhen. Uns Jägern geht es ja nicht um die Menge, sondern um den selektiven Abschuß bei Sauen.

Nach soviel Aufregung hielten es meine Frau und mich nicht mehr auf der Kanzel. Wir baumten ab und traten an das erlegte Stück. Beim Blick ins Gebrech wurde mir klar: Der Keiler ist fünf Jahre alt und etwa 100 Kilogramm schwer. Lange hielten wir die Totenwache. Das Stück wurde versorgt, im Morgentau des Grases konnten wir unsere verschweißten Hände waschen. Unberührte Natur, ein Privileg für Jäger und Naturfreunde! Um so etwas schätzen zu lernen, muß man, so glaube ich, von Kind an mit diesen Erlebnissen konfrontiert worden sein, um sie dann in einem reiferen Alter selbst auskosten zu dürfen.

Das Aufbrechen und der Transport aus unwegsamen Gelände zum 500 Meter entfernt stehenden Wagen bedeutete harte Arbeit, aber auch ein schöne Erinnerung.

Ich darf an diesem Punkt meiner Niederschrift vielleicht ruhig einmal sentimental werden. Bei vielen geblasenen letzten „Halali" hinweg über das offene Grab von Jägern, erfüllt mich der Gedanke, welche schönen Erlebnisse, von denen nur der Vorstorbene wußte, mit ins Grab genommen werden. Die Schattenseiten des Lebens werden gottlob schnell vergessen.

Doch zurück zu den Realitäten. Das Jahr 1966 brachte zwar Begegnungen mit Sauen, aber Erfolg war mir nicht beschieden. Es gibt Zeiten, da gehen die Zigeuner einfach auf große Wanderschaft, weil irgendwo weit weg eine gute Eichelmast oder andere Leckerbissen sie besonders anziehen. Veränderungen in der Landschaft, höher werdende Dickungen, neu angelegte Wanderwege und Straßenbau verschlagen das Schwarzwild manchmal in andere Gegenden. Man muß schon viel tun, um sie „bei Laune zu halten".

Auch der Winter 1966/67 brachte kaum Anblick, es ließ sich auch selten mal ein Stück fährten. Am 2. August (Waltrauds Geburtstag), saß ich schon um 3.15 Uhr an der besagten Suhle, die mir eigentlich immer den besten Erfolg gebracht hatte. Hier in der Dickung konnte man das vertraut verweilende Wild in Ruhe ansprechen und den richtigen Abschuß tätigen. Sicherlich mußten einige Hände voll Mais herhalten. Aber mal ganz ehrlich, wer hat denn noch nicht gekirrt (Ich unterscheide streng zwischen Kirren und Füttern)?

Nach so langer Abstinenz auf Sauen stand mein Stimmungsbarometer nicht besonders hoch. Um 5.10 Uhr brach es in der Dickung, und plötzlich standen drei schwache Frischlinge an der Suhle. Herrgott, wie sahen die denn aus, völlig abgekommen und leider wieder einmal ohne Bache. Wenn es möglich gewesen wäre, hätten alle drei Stücke fallen müssen. Mit viel Zielübungen war es mir dann möglich, auf einen dieser Höpper fertig zu werden. Er lag am Anschuß.

Es war Waltrauds Geburtstag, eigentlich wollte ich ihr an diesem Morgen einen alten Bassen präsentieren. Das Stück wog elf Kilo.

Die Rothenbergseite des Reviers

Die Felder waren vom Getreide befreit, der stark gefährdete Mais stand aber noch. Jetzt ging es zum Wacheschieben. Jenseits der Emmer, auf der Rothenbergseite in der Nähe der Kräseburg, hatte Bauer H. einen etwa drei Hektar großen Maisschlag. Das Feld grenzte an der linken Seite direkt an den Scharfenberg und auf der Längsseite an einen alten Apfelbaumbestand. Außerdem standen dort einige Reihen Kartoffeln, wahrscheinlich aber die falsche Sorte, denn die Sauen hatten sie noch nicht angenommen.

Es war schon schwierig, hier an die Sauen heranzukommen. Zur Waldseite hatte ich eine Eisenleiter aufstellen lassen. Hier leuchtete der Mond aber erst spät nach Mitternacht über den Scharfenberg. Das nutzten die Sauen aus. Lothar, mein Nachbar, hatte dort einige Nächte auf dieser offenen Leiter verbracht. Die Sauen waren ihm bei gutem Wind unter der Leiter durchgelaufen, jedoch immer dann, wenn der Mond noch kein Schußlicht bot.

Ich selbst hatte mir ganz provisorisch auf der Apfelbaumseite vier kleine Pfähle in den Erdboden geschlagen und vier Latten angenagelt. In dieses etwa 1 x 1 Meter große Quadrat stellte ich meinen Klappstuhl. Ansitze auf der Erde sind zwar äußerst ungünstig, aber es lohnte nicht, extra einen Hochsitz zu bauen.

Wir saßen und saßen, aber die Sauen vergnügten sich trotzdem im Mais. Wie sie da jedoch ohne von uns gesehen zu werden hereingekommen waren, blieb uns schleierhaft. Des Morgens war wegen der Aufwinde am Berg nicht an die Schwarzen heranzukommen, also blieb nichts anderes übrig, als zu sitzen und zu warten.

Ich hatte mal wieder meinen Klappstuhl bezogen, denn hier kam der Mond ja fast eine Stunde früher als an der Eisenleiter. Da, direkt hinter den Apfelbäumen und hohen Brennesseln, Geräusche von Sauen, ja, man konnte sie sogar riechen. Sie waren ganz nah! An welcher Stelle würden sie sich jetzt unter dem Lattenzaun durchschieben? Hoffentlich nicht zu nahe an meinem Ansitz.

Es war völlig windstill, Spannung kam auf, würde ich auf der notdürftigen Zieleinrichtung, die bei Belastung ziemlich wackelte, zu

Schuß kommen? Da, der erste schwarze Schatten, eine starke Bache, auf zwanzig Meter durch den Zaun in das Maisfeld. Ich lag im Anschlag. Jetzt mußten die Frischlinge kommen, tatsächlich: einer, zwei und noch mehr. Ich stand aufrecht in meinem Quadrat und zog mit. Schuß, die Bühne leer.

Im Mais war zunächst alles still, aber schon nach zehn Minuten hatten sich von der anderen Seite weitere Sauen in den Mais eingeschoben. Sollte man hier jetzt durch eine Nachsuche stören? Wenn sie menschliche Wittrung bekamen, konnte das für die nächsten Tage oder sogar Wochen Sendepause bedeuten. Eigentlich ja auch Sinn des Ansitzes: Wildschadenverhütung. Mit der Taschenlampe suchte ich krampfhaft am Anschuß nach Schweiß: nichts, aber auch gar nichts. Freihändig stehend bei Mond auf flüchtiges Wild – kein Wunder. Du hast vorbeigeschossen, dachte ich mir.

Lothar kam von seiner Leiter, wir suchten gemeinsam am Anschuß, es war einfach nichts zu finden. Am anderen Morgen hatte sich das Wetter schlagartig geändert, Regen und Nebel. Hier ließ sich trotz intensiver Nachsuche nichts finden, es schien wirklich ein Fehlschuß vorzuliegen. Man sollte nach einem abgegebenen Schuß auf Wild grundsätzlich einen Schweißhund hinzuziehen, wenn man Zweifel hegt. Das Feld wurde abgeerntet und bei der damaligen Technik blieben viele Maiskolben auf dem Feld liegen. Es standen nur noch die schmalen Reihen Kartoffeln, also für Mensch und Tier keine ausreichende Deckung mehr. An der Maissilage befand sich ein Anhänger. Wir baten den Bauern, uns diesen Kastenwagen etwas näher an das abgeerntete Maisfeld heranzufahren. Auf dieses Gefährt packten wir uns einige Bunde Stroh, und bei der nächsten Mondperiode wurde hier regelrecht Wache geschoben. Bei Tage fährtete ich Eingriffe von starken Sauen, aber außer schlaflosen Nächten und Begegnungen mit den schwarzen Gesellen bei nebligem, schlechtem Büchsenlicht war uns kein Erfolg beschieden.

Bauer H. erntete nun die wenigen Reihen Kartoffeln und rief mich mittags an: „Ich habe in einer Reihe Kartoffeln das Skelett einer Sau gefunden!" Sofort war ich da: Tatsächlich, es war der von mir beschossene Frischling, ganze 150 Meter vom Anschuß entfernt. Nachlässigkeit sollte hart bestraft werden, es war mir eine Lehre für mein ganzes späteres Waidwerken.

48

Jetzt brauchte ich eigentlich wieder ein Erfolgserlebnis. Die Suhle in der Abteilung 13 war mein zweites Domizil geworden. Auf keinem Fleck dieser Erde habe ich mehr Zeit abgesessen als dort. Es war eigentlich nur ein Blick in ein Loch mit Wasser, daneben im Stangenholz eine zweite Suhle, die im Sommer aber kein Wasser führte.

Morgens um 3.30 Uhr kamen mir acht stärkere Sauen, sie waren nicht anzusprechen und zogen nach kurzem Bade weiter. Der Entschluß stand fest: Abends geht es wieder dort hin. Hier in der Dikkung kamen die Schwarzkittel eigentlich zu jeder Tages- und Nachtzeit, meistens allerdings zwischen 20.30 Uhr und 21.30 Uhr. Daß man solche Zeitpunkte bei Schwarzwild nennen kann, zeugt davon, daß dort ausgesprochen Ruhe herrschte und natürlich regelmäßig in der Mittagszeit „gekirrt" wurde.

Fanden die Sauen mehr als dreimal hintereinander keinen Fraß vor, blieben sie manchmal wochenlang weg.

Schon um 18 Uhr hatte ich vorsichtig aufgebaumt, als um 20.15 Uhr zuerst zwei, dann drei stärkere Sauen direkt in die Suhle zogen. Es war sehr warm an diesem Tage, und alle drei Stücke standen bis zum Gebrech im Wasser. Das mittlere Stück sprach ich als älteren Keiler an, ihm galt mein ganzes Augenmerk. Die „Drei von der Tankstelle" nahmen ein ausgiebiges Bad. Das Licht schwand so schnell, daß kaum noch Zeit zum Schuß blieb.

Der stärkere Keiler schwamm jetzt ein wenig am Rand der Suhle, richtete sich etwas auf. Ich wußte, wie schnell es geht, wenn ältere Sauen Wind bekommen, also keine Zeit verlieren: Schuß! Aufspritzendes Wasser beim Herausbrechen der Stücke, jetzt hörte ich ein Anfliegen an eine Fichte, dann Stille. Ich war mir meiner Sache ziemlich sicher.

Am Anschuß viel Schweiß, eine Schweißlache auf der Suhle und Wildbretstückchen mit kleinen hellen Borsten. Unterschossen? Beim Ausleuchten der schlecht zu findenden Fluchtfährte auf dem braunen Tannennadelboden wenig Schweiß, und dann nichts mehr. Jetzt machte ich einen entscheidenden Fehler. Ich fuhr nach Hause und holte meine DD-Hündin Bliska. Mit einer starken Taschenlampe, dem Hund und zusätzlichem Revolver drang ich in die Dikkung ein. Es war inzwischen Mitternacht, und ein starker Regenschauer erschwerte die strapaziöse Nachsuche, die – mit dem Hund auf dem Boden kriechend – in einer nassen Fichtendickung einem sowieso schon alles abforderte. Nichts, aber auch gar nichts. Ich hatte das Stück aber doch einen Baum anfliehen gehört.

Jetzt oder nie! Ich schnallte den Hund, lag auf dem Waldboden und harrte der Dinge, die da kommen sollten. Der Hund war ja kein Totverbeller oder -verweiser, aber man glaubt ja in solchen Augenblicken an Wunder.

Das „unheimliche Wunder" geschah. Nach zwanzig Minuten kam Bliska mit einem etwa 30 Zentimeter langen und zwanzig Millimeter starken Darm im Fang bei mir an. Sie mußte also am Stück gewesen sein, aber wo? Rutschend und kniend habe ich bis 4.30 Uhr in der Frühe gesucht. Nichts. Völlig erschöpft zu Hause angekommen, zog ich mich erst einmal im Keller aus. Zwei Pfund Tannennadeln in der Unterhose, zerrissene und verharzte Hände waren das traurige Ergebnis. Am anderen Morgen wurde nochmals Reihe für Reihe der Dickung abgesucht, der starke Keiler blieb unauffindlich. Ohne Darm? Schlaflose Nächte folgten, zunächst war mit Jagd nichts mehr.

Ich muß jetzt hier einmal zeitlich vorgreifen. Zwei Jahre später schoß ich anläßlich einer Treibjagd am Rande dieser Dickung am Weg im Krähenmizgrund einen Hasen. Als ich den Hasen aufhob, fiel mein Blick auf ein Jagdmesser, das am Hirschhorngriff schon von den Mäusen angenagt war. Die Stahlschneide von Puma befand sich noch in gutem Zustand, ich habe das Messer heute noch als Indiz.

Zur Zeit, als ich vergebens nach dem starken Keiler gesucht hatte, erzählte mir ein Jagdnachbar, er habe sein Jagdmesser verloren. Wenige Tage nach diesem Fund anläßlich der Hasenjagd präsentierte ich ihm das Messer. Er wurde sichtlich verlegen, leugnete aber, daß es sein Messer gewesen sei. Für mich stand klipp und klar fest, das elf Stunden nachgesuchte Stück ist am Waldrand am frühen Morgen verendet gefunden worden und hat dann seine Reise im Kofferraum eines fremden Wagens fortgesetzt. Beweise fehlen, aber ein Keiler ohne Darm hätte keine größeren Entfernungen mehr zurücklegen können. Wie alle weidewunden Stücke war es bergab gezogen. Dies war nun mein zweites, aber hoffentlich dafür auch das letzte nicht aufgefundene Stück.

Erst vierzehn Tage später ging ich wieder zu meinem „zweiten Wohnsitz", der Suhle. Und wie der Zufall es will, hatte ich Anlauf. Nachmittags hatte es kräftig geregnet und gedonnert. Sauen sind dann „locker". Der Wind stand gut, und es tropfte fleißig von den Bäumen. Bei solchen Nebengeräuschen fühlen sich die Schwarzen „sauwohl".

Um 21 Uhr schob sich eine starke Bache in die Suhle, es folgten neun schwache Frischlinge. Wir wissen inzwischen durch die Erkenntnisse von Dr. Heinz Meynhardt, daß eine Bache nur acht Frischlinge großziehen kann. Die beiden vorderen der zehn Zitzen geben so gut wie keine Milch. Es ist keine besondere Freude, hier als Heger und Jäger eingreifen zu müssen, und so entschloß ich mich zum Schuß auf einen der Frischlinge. Das Stück lag am Anschuß, die Bache verließ laut schnaufend die Suhle. Durch den selektiven Eingriff war jedenfalls gewährleistet, daß die übrigen acht Frischlinge von der Mutter gut versorgt wurden.

Es ist schon ein jährlicher Höhepunkt im Jägerleben, wenn der Jagdherr vor angetretener Mannschaft auf der Treibjagd seine Weisungen und Belehrungen vorträgt. Da ist dann die Rede von gültigem Jagdschein, diszipliniertem Verhalten während der Jagd beim Umgang mit der Waffe usw. Nur von Alkohol spricht keiner, aber jeder denkt bei schlechter Wittrung an die Brusttasche seines Nachbarn. Ober er wohl einen Flachmann dabei hat?

Als erstes machten wir im Feld einen großen Kessel aus 20 Schützen und Treibern, das Wort hatte Hermann: „Jöu können alles schieten, wat kümmet, lasst aber die Trieber und Hunne lewen." Bei so einer Jagd kennt man ja seine Pappenheimer, und es kam, wie es nicht kommen sollte. Ein Pyrmonter Arzt zog beim Anlegen auf einen flüchtigen Krummen durch die Schützenkette und traf mit wenigen Körnern den Jagdherrn in Nähe des „Kurzwildbrets". Das Gejammer war groß. An einem Graben wurden Schuß und Wirkung beurteilt mit dem Ergebnis, der „Angeschweißte" brauchte dringend einen Steinhäger. Man soll ja gar nicht glauben, welche Mengen an Flaschen plötzlich auftauchten! Der Schütze, ein Mediziner, durfte sein Opfer versorgen, wobei Hermann ihn fortlaufend mit plattdeutschen Ausdrücken bei seiner Hilfeleistung behinderte. Die „Buchse" mußte runter, ob das Opfer wollte oder nicht. Mit einigen Jägern stellten wir uns kreisförmig, (natürlich nach außen schauend) um den Unfallort auf. Ob Hermann mit seinen siebzig Jahren seine Potenz und Fruchtbarkeit einbüßte, war später nicht mehr festzustellen.

Dieses Geschehen stand natürlich im Mittelpunkt beim Schüsseltreiben. Ich weiß nur, daß wir mit drei Mann neben etlichen kühlen Blonden auch noch zwei große Flaschen „Jägermeister" leergemacht hatten. Dieses Lieblingsgetränk von Oberförster Rohde aus Hämelschenburg hatte seine entsprechende Wirkung, als ich am kommenden Abend meinen Stammplatz an der Suhle eingenommen hatte.

Es war am 19. November, als schon um 17.15 Uhr in der Fichtendickung Abteilung 13 das Laufen eines Stückes Wild zu hören war. Sauen? Schon so frühzeitig bei so gutem Licht? In der Tat, wenige Minuten später standen mehrere Überläufer in der Nähe des Malbaumes. Noch immer stark angeschlagen vom übermäßigen Alkoholgenuß vom Vortage, wollte der Zielstachel einfach nicht aufs Blatt. Er tanzte vor meinen Augen einen wahren „Jägermeistertanz". Ich setzte dreimal die Büchse ab, atmete tief durch und versuchte es immer wieder. Erstaunlich, daß die Sauen so lange aushielten. Wahrscheinlich überspielte meine „Fahne" die menschliche Wittrung, denn hin und wieder schlug der Wind in ihre Richtung. Ja, es war Schwerstarbeit. Die Dämmerung brach herein. Jetzt oder nie! Schuß, und der Überläuferkeiler lag am Anschuß. Ich konnte es selber nicht glauben, daß mir ein so sauberer Schuß gelungen war. Die übliche Schwerarbeit des Versorgens und Transportes folgte, ich kann nur sagen, Jagd erfordert „ganze Männer", wobei passionierte Frauen auch nicht zurückstehen, nur „trink- und schußfest" müssen sie sein!

Inzwischen waren Monate vergangen, das Jahr 1969 wurde in Freundeskreisen ausgiebig befeuchtet, was soll sonst aus der Ernte werden? Ein richtiger Winter, wie wir Saujäger ihn herbeisehnen, war noch nicht angebrochen, statt dessen regnete und stürmte es. So auch am 18. Januar 1969, als ich mich auf den Weg zum Ansitz machte, bei richtigem „Sauwetter", wie der Laie sagt.

Angekündigt war leichter Schneefall. Doch nun befand ich mich schon auf den Läufen, und wenn man bereits sein ganzes Geschirr angelegt hat, dann kann einen auch das schlechteste Wetter nicht im Hause halten. Der Wind stand für einen Ansitz an der Suhle zu schlecht, also baumte ich auf der Leiter am Pflanzgarten auf, die an einer etwa 30 Zentimeter starken Buche befestigt war. Bei dem starken Wind wankte die ganze Apparatur fürchterlich.

Der ehemalige Pflanzgarten war mit Fichten neu aufgeforstet und eingegattert worden. Dadurch hatte sich entlang des Zaunes ein Zwangswechsel gebildet, der auf einer Länge von etwa fünfzig Metern von der Leiter aus eingesehen werden konnte. Im übrigen eignete sich diese Anpflanzung ideal zum Frischen, da es sich um einen Südhang handelte. Ohne groß darüber zu sprechen, hatte ich mit meinem Jagdfreund Jürgen an diesem Hang im Gatter in den etwa fünfzig Zentimeter hohen Fichten zwei kleine flache Hütten gebaut, auf zwei Seiten offen, ausgepolstert mit weichem Gras. Das ganze Bauwerk wurde mit viel Ästen und reichlich Grünzeug getarnt, so daß die Bachen hier in Ruhe frischen konnten. Erfahrene Bachen ziehen gern in geschlossene Gatter, indem sie den Zaun einfach mit dem Gebrech anheben.

Sollte bei diesem fürchterlichen, kalten Wind mit leichtem Regen hier tatsächlich etwas kommen? Ich hatte wenig Hoffnung und wollte gegen 7.30 Uhr gerade abbaumen, als ich im hinter mir liegendem Hochwald einige dunkle Punkte wahrnahm. Sauen! Sie kamen mit dem Wind, Richtung Gatter. Tatsächlich, sie nahmen den Zwangswechsel an. Zwei Überläufer, drei Frischlinge. Auf dem Grasweg verhoffte ein Frischling kurz auf 70 Meter, das war dann auch sein Ende.

Ein alter Jägerspruch sagt: „Wenn der Wind jagt, soll der Jäger nicht jagen", eine Tatsache. Hier aber waren Diana oder Hubertus jedoch freundlich gestimmt.

Bei meinen vielen Waldbegehungen habe ich unter anderem auch folgende Feststellung gemacht: Sobald ich von mehreren Menschen begangene Wege verließ, war es dringend notwendig, immer Gummistiefel zu tragen. Um an die Kanzel am hinteren Büsseberg zu gelangen, mußte man ein weites Stück vom Auto bis zum Hochsitz zu Fuß zurücklegen. Hierbei überquerte ich zwangsläufig einen Sauwechsel. Im Sommer ging ich einmal in Halbschuhen mit Ledersohlen zur Kanzel. Nach zweistündigem Ansitz hörte ich Sauen im Anmarsch. Ich machte mich zum Schuß auf den bekannten Fernwechsel fertig.

Im Fichten-Altholz sah ich sie kommen, sechs Überläufer, mittelflüchtig. Als das erste Stück an den von mir begangenen Fußweg sich auf etwa drei Meter genähert hatte, ein „Wuff", und die ganze Bande trat den Rückzug an. Ich habe von diesem Tag an – ob Sommer oder Winter – nie mehr Schuhe oder Stiefel mit Ledersohlen während der Jagdausübung getragen, denn Gummisohlen übertragen wenig oder sogar keine menschliche Wittrung auf den Waldboden. Erst nach fünf Stunden sind die markanten Gerüche von uns Jägern für das Schwarzwild nicht mehr wahrnehmbar.

Das sommerliche Bad

Am 21. Juni hatte ich es geschafft, einen Teil der Familie mit auf den engen Hochsitz zu lotsen – in der Hoffnung, daß sie dann nach stundenlangem Ansitz mein Gefühl bei der Jagd besser nachempfinden würde.

Mit meiner Frau Waltraud und unserer Tochter Dagmar, die schon damals eine große jagdliche Passion zeigte, saß ich auf meinem Stammplatz an der Suhle, zu dritt etwas eng, aber es ging. Schon um 20.30 Uhr waren Sauen zu hören und die Läufe in der Fichtendickung auch zu sehen, aber sie trauten sich nicht heraus. So saßen wir schon drei Stunden, als rechts im Hochwald Rehwild schreckte, ein typisches Zeichen für das Heranziehen von Schwarzwild. Ich machte mich sofort fertig, und schon standen drei schwache Stücke in der Suhle. Eines zog gleich mitten hinein, so daß es zu zwei Drittel mit Wasser bedeckt war, die anderen beiden bewegten sich im tiefen Schlamm näher am Rande.

Es herrschte seit langer Zeit eine fürchterliche Hitze. In der ganzen Umgebung im Wald gab es keine Pfütze voll Wasser mehr. Am Tag vorher hatte ich einen Bauer aus dem Dorf gebeten, mir mit dem Trecker ein großes Jauchefaß voll Emmerwasser an die Suhle zu transportieren. Da man die Dickung nicht befahren konnte, hielt der Konvoi auf der höchsten Stelle des Reviers auf einem Waldweg. Von hier wurden Feuerwehrschläuche bis zur Suhle gelegt. Es klappte vorzüglich. Kein Wunder, daß diese Oase jetzt verstärkt das Schwarzwild anlockte.

Die drei Stücke in der Suhle fühlten sich pudelwohl und dachten gar nicht daran, das nasse Plätzchen zu verlassen. Eines der Stücke fing an zu blasen, der Wind küselte, ich mußte mich entscheiden. Einen Moment lang ging mir schon das Problem durch den Kopf, wie diese „dreckige Sau" wohl geborgen werden könnte. Ganz kurz verhoffte die blasende Sau jetzt am Suhlenrand. Schuß, und sie fiel in den Schlamm. Egal, Hauptsache sie lag. Meine zwei weiblichen Gäste konnten jetzt ihre Kunst im Reinemachen auch im Wald vorzeigen. Auf dem nahegelegenen Grasweg war die vor

Jahren von mir angelegte künstliche Suhle unterdessen zugewachsen, sie wurde nun als Badeanstalt benutzt.

Rauschzeit 1971. Seit Monaten verfolgte ich eine starke Schwarzwildfährte, sogar bis weit in den Staatsforst. Einen harmlosen Wochenendspaziergang mit meiner Familie vortäuschend, ging ich die Fernwechsel bis Aerzen aus. Ich muß hier einflechten, mit dem zuständigen Forstbeamten Jörg aus Gellersen verband mich ein gutes freundschaftliches Verhältnis. Inzwischen ist auch er zum Keiler h. c. in der Schwarzwild-Hegegemeinschaft Hameln-Pyrmont avanciert.

In der Schonzeit hatte ich einen starken Keiler einmal an der Suhle vor, er stand am Malbaum, seine Höhe reichte bis zu einem bestimmten Ast der Fichte. Diese Stelle habe ich mir gemerkt und später dann mit heller Farbe markiert, um beim Erscheinen von Sauen einen Anhaltspunkt für deren Größe zu haben. Übrigens ein gutes Hilfsmittel, denn bei schlechtem Licht, besonders bei Mond, sieht alles anders aus.

Auch einen Namen hatte „er" von mir bekommen: Gustav. Wie ich gerade auf diesen Vornamen gekommen bin? Soweit ich mich erinnere, hieß der älteste und raffinierteste Wilddieb in dem Dorf meiner Jugendzeit, Gustav. Er überlistete die Sauen im Kessel, bevor sie auf die Läufe kamen. Alle Freunde und Bekannten wußten, wovon ich sprach, wenn ich den Namen Gustav nannte.

Jetzt hatten wir Mitte Dezember, Gustav war immer auf Achse, mal am Büsseberg, mal am Pflanzengarten, eigentlich im ganzen Revier. Er suchte nach einer rauschigen Bache.

Wir hatten 19 Grad minus und etwa 25 Zentimeter Schnee, als ich auf der offenen Leiter am Pflanzengarten Platz nahm.

Haben Sie schon einmal bei 19 Grad minus vier Stunden auf einer offenen Leiter gesessen? Ich spürte keine Gelenke mehr. Wenn er jetzt kommen würde, wie sollte ich da in Schußposition kommen? Kaum ausgedacht, blies es in der Dickung und hinter dem Maschendraht erschien ein Ungetüm von Sau.

Das Licht reichte bei Dreiviertel-Mond, aber wie sollte ich es fertigbringen, mit der Kugel genau zwischen dem Maschendraht durchzukommen? Die Entfernung war gering, Gustav und ich konnten uns gut „in die Augen sehen", aber das Glück war auf seiner Seite.

Nachdem er meinen „gefühlten Anblick" satt hatte, schob er sich vorsichtig rückwärts in die Dickung zurück. Nochmals bot er mir die Breitseite an. Ich hätte es dann doch vielleicht versuchen können. Nach dem Motto: „Nicht geschossen ist auch vorbei" sollten wir Jäger aber nicht waidwerken.

Aber jetzt, nachdem ich ihn so genau gesehen hatte, hielt ich es trotz Schnee und Kälte nicht mehr zu Hause aus. Stammplatz an der Suhle? Ja, hier kamen ganze Rotten, hier würde auch Gustav auf Brautschau gehen. Die Kirrung wurde ständig beschickt. Ich lockte aber immer unter den Zweigen der Fichten, also außerhalb des Schußfeldes; auch deshalb, damit Tauben und Eichelhäher nicht alles wegholten. Aber das Interesse des Keilers in der Zeit von Oktober bis Januar an solchen guten Gaben ist natürlich recht begrenzt.

Gustav in der Rauschzeit

Um 19.30 Uhr ging ich vorsichtig gegen den Wind zum Ansitz. Da, – auf 15 Meter stand Gustav am Hochsitz. Das war ihm und mir zuviel. – Wir verließen beide den Ort des Geschehens. Wenngleich Sauen nur hell und dunkel unterscheiden können, war auf diese Distanz menschliche Wittrung zu ihm herübergeschlagen.

Schnell fährtete ich am nächsten Mittag ab, um festzustellen, ob sich wohl noch etwas getan hatte. Ja, eine ganze Rotte war dagewesen, und dabei stand auch die starke Fährte von Gustav. Er hatte seine Lieblingsdame jetzt wohl ausfindig gemacht. Nach dem Motto „Liebe macht blind" saß ich schon am gleichen Abend, diesmal aber schon um 18 Uhr, am gleichen Platz, diesmal bei 23 Grad minus.

Leicht verschwitzt kam ich an. Und dann folgte das ganz große Frieren! (Wenn die Unterwäsche einigermaßen trocken ist, hält man es meistens noch drei Stunden einigermaßen aus, bis die Kälte von den Füßen hinauf schließlich bis ins letzte Kopfhaar klettert.) Um 19.30 Uhr höre ich in der Ferne Eulen rufen. Das bedeutet: Sauen im Anwechsel. Ich habe es über 25 Jahre beobachtet, und es bestätigte sich wieder. Bei einer anderen Wildart riefen die Eulen oder Käuze nicht.

Ich erkläre mir das so: Die Eulen und Käuze als Nachtraubvögel kennen die Plätze, an denen die meisten Mäuse laufen. Für Schwarzwild bedeuten Mäuse jedoch ebenfalls Leckerbissen. Ob die Eulen die Mäuse warnen, um sie dann später selbst zu verzehren?

Jetzt hörte ich lautes Gequietsche: Eine ganze Rotte wuselte um mich herum. Meine innere Stimme sagte: „Klotz, halte dich zurück, Gustav kommt bestimmt später, wenn die Leitbache alles abgesichert hat." Es fällt einem nicht leicht, 22 Sauen auf 30 Meter Entfernung bei gutem Mondlicht „zu hüten". Aber es mußte sein. Vierzig Minuten waren vergangen. Unruhe in der Rotte, die Leitbache schlug nach ihren Überläufern und Frischlingen, vor allem attackierte sie die schwächeren Bachen.

Das ganze lebende Winterbild verschob sich nach rechts ins Stangenholz, alles stand ruhig da. Vorsichtig versuchte ich, meine vereisten Glieder wieder in Gang zu bringen. Repetierer in Anschlag, jetzt mußte „Gustav" kommen. Und in der Tat sah ich ganz kurz auf der Schluppe hinter dem Malbaum einen großen Schatten, der jetzt wieder zurückwechselte. So ging das mehrere Male. Ich konnte meinen Abzugsfinger, den linken Zeigefinger, der aus dem bewußten Schlitz des Handschuhes lugte, bei der Temperatur nicht mehr lange der Kälte aussetzen.

Jetzt endlich kam Gustav aus dem Dunkeln heraus. Ja, er hatte die Maße, die ich Monate vorher am Malbaum angebracht hatte, das mußte er sein. Die Rotte stand immer noch wie versteinert da. Der Keiler zog jetzt nach links in die Dickung und kam hinter meinem Hochsitz auf knapp fünf Meter heran. Jetzt konnte ich seine ganze Masse und Kraft in Anblick nehmen, vorne kurz gedrungen, hinten abfallend. Er nahm Wind aus allen Richtungen. Trotz Liebesnot und reichlichem Angebot hatte er alle Sinne wohl geordnet.

Aber jetzt hielt es ihn nicht mehr, er trollte auf die Rotte zu, jedoch immer spitz. Das Hauptschwein war sich jetzt seines Vorhabens sicher. Meine Überlegung ging dahin: Wenn er sich zwischen die Rotte schiebt und eine der rauschigen Bachen beschlägt, bleibt dir keine Möglichkeit mehr, zum Schuß zu kommen.

Von der Größe her stellte er schon etwas dar, aber die Anstrengungen der Rauschzeit hatten ihn zu einem schmalen Brett verwandelt. Ach, warum nicht, laß ihm doch noch einmal die Freude, die nur einmal im Jahr genossen werden kann, dachte ich. Jetzt, er stand hinter der Bache, windete er am Pürzel und ritt auf. Sie stand still.

So, dachte ich, gleich wirst du runterrutschen. Nach ungefähr fünf Minuten der Kopulation stand er jetzt frei; auf die kurze Entfernung Hochblatt angefaßt und Schuß. Bekanntlich sieht man beim Schwarzwild kein Zeichnen, das Stück zog langsam in die Fichtendickung, die Bühne war leer.

Nach einer halben Pfeifenlänge hielt es mich – nach stundenlangem Frieren und Beobachten – nicht mehr auf dem offenen Hochsitz. Also runter, aber was war das? Am Anschuß kein Tropfen Schweiß. Auch das noch. Zwanzig Meter versuchte ich, die Fährte zu halten.

Die Taschenlampe hatte ich vergessen, aber in der Hitze des Gefechtes macht man als junger Saujäger immer wieder den gleichen Fehler und versucht, weiter bei Dunkelheit nachzusuchen. Ich war doch so gut abgekommen! Also nach Hause, Lampe holen und als „zweiten Spürhund" meinen Nachbarn Lothar.

Etwas unsanft hatte ich ihn aus dem ersten Schlaf geweckt, er war aber als passionierter Jäger sofort bereit, mit nachzusuchen. Wieder am Tatort angekommen, ging es jetzt mehr kriechend als stehend in die Dickung. Da, ein Tropfen Schweiß, also hat er die Kugel, aber gerade in der Rauschzeit sind Sauen besonders hart im Nehmen. Jeder Quadratmeter wurde peinlichst genau abgeleuchtet, jetzt nach 35 Metern, leuchtete ich in die Dickung: da, war da nicht etwas Rotes am Fichtenstamm? Es stimmte, hier hatte der Keiler auf Grund seiner Schwäche einen Baum angeflohen, und schon sehen wir ihn hinter einem alten vermodderten Baumstubben liegen. Voll ausgestreckt „groß wie ein Rind", das war der erste Eindruck.

Trotz immer noch 16 Grad Kälte: Totenwache und dann Aufschärfen des Gebrechs. Wie alt ist er, der Keiler? Welch ein Pech, von beiden Gewehren waren etwa 3 Zentimeter abgebrochen. Die Haderer zeigten aber klar und deutlich einen Abschliff von etwa fünf Zentimetern. Also hatte er nach der alten Faustregel ein Alter von etwa fünf Jahren. (Heute gelten für die Altersbestimmung andere Gesichtspunkte). Nach Dr. Ueckermann ist das Zementzonenverfahren im Zusammenhang mit der Gesamtbeurteilung des Gebisses die sicherste Methode der Altersbestimmung.

Beim Aufbrechen stellte sich heraus, daß das TIG-Geschoß sich auf dem starken Schild zerschlagen hatte, es gabe keinen Ausschuß und somit auch so wenig Schweiß. Ich verbrannte mir beinahe meine durchgefrorenen Hände im heißen Wildkörper. Dann erfolgte der Transport zu dem 200 Meter entfernt stehenden Jeep. Er war nicht so geländegängig, wie ich es mir vorgestellt hatte. Zur Suhle konnte ich jedenfalls nicht damit kommen. Hoffentlich sprang er dieses Mal an. Tatsächlich, es klappte. Zu zweit bemühten wir uns, den Keiler auf die Motorhaube zu hieven. Fünf- oder sechsmal nahmen wir Anlauf bis es endlich gelang. Bei dem jetzt wieder hervorgekommenen Mond ein gewaltiger Anblick!

Mit Seilen wurde er festgebunden, nur gab es ein Problem: Ich konnte während der Fahrt nach vorne nichts mehr sehen. Also, alle verfügbaren Mäntel, Schlafsäcke usw. auf den Fahrersitz. Ja, jetzt hatte ich einigermaßen Sicht, aber dafür auch kaum noch die Möglichkeit, mit den etwas kurz geratenen Beinen Kupplung und Bremse zu erreichen.

Es war die ganze Nacht „die Hölle los". Steil ging es bergab in den Langenbergsgrund, bei vereister Fahrbahn und Schnee kam jetzt die nach rechts verlaufende Haarnadelkurve. Gefährlich rutschte der Keiler auf der Kühlerhaube nach rechts, es drohte uns ein Abrutschen am Abhang. Lothar war schon nach hinten aus dem Jeep herausgesprungen, sollte ich das Cockpit auch verlassen? Nein, nach diesen Strapazen mußte auch diese Höllenfahrt gelingen. Der Keiler hing schon fast mit dem Gebrech auf der Schneedecke. Stehend fahrend, um an die Fußbremse zu kommen, umschiffte ich gerade noch diese Klippe und ließ dann das ganze Gefährt in den tiefen Schnee gleiten. Rums, der Motor setzte aus, wir standen.

Ich sprang aus dem elenden Bundeswehrjeep, hinter mir sah ich eine stark vereiste Gestalt näherkommen, es war Lothar. Nach Neuordnung aller Dinge, vor allem aber des herunterhängenden Keilers, der jetzt endlich eine gute Schweißfährte geliefert hatte, klappte die Fahrt bis nach Hause schließlich doch noch. Das ganze Geschütz blieb über Nacht auf dem Hof stehen, wir hatten die „Schnauze voll".

Unsere Frauen hatten sich schon einen Kleinen genehmigt, wir bekamen einen steifen Grog und viel zu viel Bier. Man beschnüffelte uns ausgiebig und meinte, daß wir einen penetranten Geruch mit hereinbrächten. Kein Wunder in der Rauschzeit. –

Wir schreiben Sommer 1971, das Getreide stand in der Milch. In der dicken Buche am Fabrikweg hatte ich eine Leiter installieren lassen. Entfernung bis zum Waldrand: 70 Meter. Leider stand meistens der Wind von der Leiter zum Wald. Heute herrschte Windstille, fünfzig Meter vor der Leiter hatten die Sauen eine zimmergroße Fläche niedergewalzt. Also eine gewisse Chance durfte man sich ausrechnen.

Der Mond stand auf halb, somit günstig. (Bei direktem Vollmond ziehen die Sauen es vor, lieber im geschützten Wald zu bleiben). Im

Getreide konnte man die Sauen hören, es schmatzte an allen Ekken, was würde das wieder für einen Wildschaden geben? Nach langem Warten erschien auf der eben beschriebenen Freifläche ein einzelner Überläufer. Vorsicht, vielleicht eine Bache? Ich wartete noch auf Nebengeräusche von eventuellen Frischlingen, da stoßen noch vier Überläufer dazu. Also ein Junggesellenclub.

Jetzt stand ein Stück frei, vorsichtig stach ich meinen Repetierer ein, denn auf metallische Geräusche reagieren Sauen sofort. Ich halte immer die Hand über das Gewehrschloß und warte einen Zeitpunkt ab, zu dem die Sauen unruhig sind oder andere Geräusche in der Landschaft dieses Klicken überlagern. Es klappte, im Schuß brach das Stück zusammen.

Es war ein wunderbarer Sommerabend, ich blieb noch etwas sitzen. Plötzlich hörte ich nach etwa zehn Minuten rechts von mir im Weizen das Ziehen eines schweren Stückes Wild. Man soll es nicht glauben, da kam doch auf dreißig Meter Distanz ein ganz starker Keiler aus dem Feld, Richtung Wald, gezogen. Der vorangegangene Schuß auf den Überläufer hatte ihn wohl zur Vorsicht ermahnt. Wenn er so weiter zieht, könnte er auch über eine Freifläche kommen, dachte ich. In der Tat, da stand er, so einen starken Keiler hatte ich noch nie gesehen. Vorsichtig ging ich in Anschlag, das Stück stand nur etwas schräg, es war schwierig, die Kugel von hinten anzubringen, wenngleich sie in jedem Falle ins Leben gehen mußte. Dann „Klick". Der Keiler hatte davon gar keine Notiz genommen und trollte in den Wald. Was war geschehen? Vorsichtig repetierte ich in der Annahme, daß ich einen Versager zu Tage fördern würde. Aber, oh je, es kam die leere Hülse zum Vorschein, ich hatte doch glatt nach dem Schuß auf den Überläufer vergessen zu repetieren. Man muß bei der Jägerei schon manches durchstehen. Dieser Vorfall blieb mir für mein ganzes späteres Jägerleben eine Lehre. Wenn der Knall noch in Wald und Feld verhallt, also unmittelbar nach dem Schuß, wird repetiert. Das überhört selbst eine andere in der Nähe befindliche Rotte.

An den nächsten Abenden und Nächten versuchte ich mein Glück auf dem Mittelbrink. An Hommels Tannen stand eine geschlossene Kanzel. Der Weizen war schon geerntet, aber leider – wie das heute bei der Eile in der Landwirtschaft der Fall ist – auch schon wieder umgepflügt. Die kleine Fichtendickung schob sich etwas ins Feld. Sauen suchen bekanntlich Deckung, soweit dieses eben möglich ist. Da waren sie bereits, lautes Gequietsche, schon kamen sechs schwache Stücke unter dem Gatterzaun, den sie mit dem Wurf elegant anhoben, hindurch. Die Sauen waren sehr nah und auf dem gepflügten Untergrund wurde es dadurch verdammt schwierig, eine ins Glas zu bekommen, Steil von oben versuchte ich mein Glück. Es klappte. Der schwache Überläufer lag am Anschuß.

An den nächsten Abenden hatte ich trotz fünfstündigen Ansitzens auf Sauen keinen Anblick. Dann blieb ich bis Mitternacht sitzen. In Hämelschenburg schlug die Glocke die 24. Stunde. Meine bisher gesammelten Erfahrungen sagten mir: So spät kommt kein Schwarzwild mehr, es steht dann schon andernorts im Gebräch. Beim Abbaumen stand ich auf halber Leiter, da lassen mich Rauschen und Knacken im Walde aufhorchen. Da – die Leitbache vorweg – ergießt sich ein Pulk von Sauen aus dem Wald.

Krampfhaft an der Leiter festhaltend, zähle ich eine Großfamilie von 34 Sauen. Sofort formieren sie sich zu einer Kette und – ohne auch nur einmal anzuhalten – ging es in strenger Rangordnung einen Kilometer über freies Feld. Wie ein Affe mit einer Hand an die Leiter geklammert, versuchte ich, die Rotte mit dem Glas zu verfolgen. Es klappte. Jetzt sah und hörte ich sie die Gellerserstraße, Nähe der alten Badeanstalt, überqueren, dann verschwanden sie in Richtung Hünenschloß. Für mich eine wertvolle Erkenntnis, hier war also ein Fernwechsel!

Am 12. Juli 1971 zog ich mit etwas schwerem Kopf, den ich mir am Vortage beim Königsschießen geholt hatte (Ich wurde 1. Ritter), wieder zu meinem „zweiten Wohnsitz", der Suhle in Abteilung 13. Die Chancen standen gut, denn seit drei Wochen war kein einziger Tropfen vom Himmel gefallen.

Es wehte ein leichter Wind von der Suhle zum Hochsitz, als mich um 20.30 Uhr merkwürdige Geräusche aufhorchen ließen. Eine Sau mit einem weißen Flecken auf dem Haupt? Mehr gab mein Fernglas bei der Dunkelheit nicht her. Die Geräusche ähnelten sehr denen eines Stückes Schwarzwild. Dann konnte ich es erkennen, Meister Grimbart stattete meiner Suhle einen Besuch ab und tat sich an meinem eingegrabenen Mais gütlich. Durch leises Pfeifen gelang es mir, ihn zu vergrämen.

Um 21 Uhr sah ich ohne jegliche Voranmeldung, wie sich in der dunklen Spitze der Suhle ein Stück Schwarzwild in den Schlamm schob. An Schießen war gar nicht zu denken, das Licht ließ es nicht zu. Um 21.30 Uhr hörte ich links von mir ein stärkeres Stück heranziehen, und vorsichtig begab sich eine weitere Sau in das Schlammbad. Der Mond stand jetzt besser, ich wartete ab, bis das Wasser der Suhle die Konturen des Stückes gut abzeichnete. Jetzt konnte es klappen, also Maß nehmen und Schuß.

Zunächst sah ich durch den Feuerstrahl gar nichts, hörte aber in der Dickung das Stück einen Baum anfliehen. Wie so oft ging es auf allen vieren vom Anschuß (geringer Lungenschweiß) in die Dickung. Auf den mit Fichtennadeln besähten Waldboden ließ sich nur schwer Schweiß erkennen. Aber dann sah ich mit der Taschenlampe hier und da einen roten Spritzer. Um nichts zu verderben, fuhr ich ins Dorf zurück und holte Heinrich, den Bienenkönig. Beide arbeiteten wir mühsam die Schweißfährte mit Lampen aus. Es mußte noch in dieser Nacht sein, das Stück wäre sonst in der lauen Sommernacht verhitzt. Nach einer Stunde hatten wir eine Strecke von 60 Metern mühsam ausgearbeitet und standen am bereits verendeten Stück, einem dreijährigen Keiler. Schade, er hätte erst ein Hauptschwein werden sollen. Eineinhalb Stunden benötigten wir für den Transport bis zum Geländewagen. Wie sich herausstellte, wog der Keiler aufgebrochen 85 Kilogramm. Ein starkes Stück.

In den 70er Jahren wußten wir aus der Forschung noch recht wenig über das Schwarzwild, und deshalb erfolgte die Bejagung auch noch ungeregelter.

Saujagd voller Überraschungen

Wir schrieben den 27. November 1971, den frühen Schnee hatte die Sonne fast weggeschmolzen. Waltraud brachte mich bei bedecktem Himmel mit dem Wagen bis zum Pflanzgarten. Wir vereinbarten, sie möge mich gegen 22 Uhr wieder abholen. Ich versprach mir nicht viel von diesem Abend und pirschte vorsichtig zur Kanzel an der Suhle.

Vom Pflanzgarten kommend, gegen den Wind, hörte ich auf etwa 20 Meter Entfernung in der Suhle die Sauen schmatzen. Was tun? Sauen auf diese nahe Distanz anpirschen? Versuch macht klug! Vorsichtig gelangte ich bis an die entastete Lärche zwischen Kanzel und Suhle. Es klingt fast unglaubwürdig, aber auf sechs Meter standen mir drei Überläufer gegenüber. Ungefähr fünf Minuten lag ich angestrichen an der Lärche in Anschlag, ich konnte das Atmen der Stücke hören, im Zielfernrohr war jedoch alles schwarz. Die Entfernung war einfach zu gering.

So etwas kann man nur erleben, wenn ein ständiger Wind auf einen zusteht. Natürlich gehört gleichzeitig das gelernte Anpirschen dazu. Im Revier meines Vaters mußte ich grundsätzlich hinter ihm gehen und darauf achten, daß ich genau da hintrat, wo mein Vater langgegangen war. Ich fixierte mich also nur auf seine Hacken und habe es nicht erlebt, daß Geräusche hörbar wurden. Wütend über diese strapaziösen Pirschgänge war ich damals schon des öfteren, aber ich habe viel dazugelernt.

Im Stangenholz, das ich nicht einsehen konnte, drang plötzlich ein „Wuff" herüber, und die Bühne war leer. Jetzt aber vorsichtig und schnell auf den Hochsitz. Um 20.30 Uhr standen plötzlich fünf Frischlinge am Rand der Suhle. Das Licht reichte zum Schießen nicht aus. In der Dickung lautes Grunzen und Beißen, jetzt bewegten sich zwei Überläufer am Dickungsrand, sie waren sehr vorsichtig und unruhig. Nach schwierigsten Zielübungen fand ich endlich den Punkt. Schuß.

An Anschuß lag viel Lungenschweiß. Zum vereinbarten Treffpunkt mit Waltraud war ich pünktlich da. Wir fuhren nach Hause und holten meinen Revolver (Smith & Wesson .38 spezial) zur Nachsuche. Am Dickungsrand (in diese Richtung ging die Schweißfährte) stellte ich Waltraud mit meinem Revolver zur Selbstverteidigung an. Sie sollte überwachen, ob das Stück über die Schneise kam und bei einem eventuellen Angriff den Überläufer möglichst zur Strecke bringen. Ob das im Ernstfall wohl geklappt hätte?

Ich robbte mal wieder durch die Dickung und verlor dabei bald die Orientierung. So ein Fichtendickicht ist wie ein Labyrinth. Hoffentlich geriet ich nicht in das eventuelle Schußfeuer meiner eigenen Frau! Wie nachträglich am hellen Tage ausgemessen, lag das Stück nach 80 Metern Nachsuche genau einen Meter vor der Staatsgrenze: ein Überläuferkeiler mit 50 kg aufgebrochen.

Manch ein Leser wird jetzt sicher denken, das ist „Jägerlatein", es war in der Tat so, das Stück war genau vor der Grenze zusammengebrochen. In unserer gemütlichen Kellerbar wurde der Überläufer noch sehr lange totgetrunken.

Durch meinen geschäftlichen Kontakt zu den meisten Forstämtern erhielt ich erstmals eine Einladung zur Drückjagd auf Sauen im Staatlichen Forstamt Danndorf. Oberforstmeister G. Raschke, ein schon damals bekannter Verhaltensforscher in Sachen Schwarzwild, führte hier ein strenges Reglement. Wir trafen uns am Forstamt „Zum Giebel", ein romantischer Ort mit einem Storchennest auf dem Schornstein.

Nur einmal im Jahr fand eine Drückjagd statt, und nun stand er da, der lange Raschke vor seiner Kompanie Schützen, etwa 35 an der Zahl. Rote und gelbe Fähnchen wurden verteilt und am Hut befestigt, damit jeder wußte, zu welcher Truppe man gehörte. Raschke hielt eine handfeste Ansprache, die auferlegten Bedingungen glichen schon bald einem militärischen Fahneneid.

„Wer ein Stück Schwarzwild schießt, das bereits vom Frischling zum Überläufer verfärbt hat, wird zur nächsten Jagd nicht mehr eingeladen. Braun müssen die Stücke noch sein. Sollte ein Fehlabschuß erfolgen, zahlt der Schütze je Kilogramm Übergewicht 10,– DM." Als Gewichtsgrenze wurden 35 kg angesetzt. Ja, hier praktizierte man schon damals das Lüneburger Modell. Kreisjägermeister Teuwsen („Vater" des Lüneburger Modells) war selbst anwesend, man konnte sich keinen Schnitzer erlauben.

Die vielen Fachgespräche, die ich mit Raschke auf dem Forstamt Danndorf über Schwarzwild führte, haben mich schon zum damaligem Zeitpunkt motiviert, auch in unserer Heimat Schwarzwild zu bewirtschaften und nicht zu „bekämpfen"!

Vormittags und nachmittags fand in Danndorf je ein Treiben statt. Es war ein bitterkalter Wintertag. Jetzt hieß es, sich einige Stunden ruhig auf dem Stand zu verhalten. Bei dem gemischten Pappel-Erlen- und Eichenbestand handelte es sich um ein großes Feuchtbiotop, das durch viele Entwässerungsgräben unterteilt wurde. Zum ersten Mal war unser Sohn Albert als Eleve dem Obertreiber zugeteilt worden.

Vor meinem Stand befand sich ein großer Graben, etwa sechs Meter breit, mit Wasser gefüllt. Eigentlich ein guter Stand, in jedem Fall mußten die Sauen, wenn sie kamen, durch diesen Graben. Nach dem Anblasen herrschte lange Zeit Ruhe. Die Treiberwehr begann mit einer Terriermeute kilometerweit entfernt. Mein Nachbarschütze stand auf der langen Waldstraße etwa 300 Meter entfernt. Wir hatten uns durch Handzeichen verständigt. Auf meinem Sitzstock versuchte ich, es mir so bequem wie möglich zu machen.

Nach einer Stunde fielen in der Ferne die ersten Schüsse, Sauen waren also im Treiben, denn auf anderes Wild durfte nicht geschossen werden. Da, jetzt kamen sie auf 150 Meter flüchtig im Erlenbestand. An Schießen war nicht zu denken, die Sauen hatten Tempo drauf. Also Klotz, verhalte dich ruhig, wenn sie den Wassergraben überfallen, müßte es klappen, dachte ich. Deutlich war vorne die Bache zu erkennen. Würden sie in dieser Reihenfolge auch wieder aus dem Graben kommen? Jetzt sah ich die ganze Rotte ins Wasser gehen. Ich erwartete, daß sie in einer Entfernung von 100 Metern den Waldweg überqueren würden.

Ohne daß ich sie einsehen konnte, schwammen sie im Wassergraben jedoch weiter in meine Richtung, und plötzlich tauchte auf 15 Meter die Bache als erstes Stück hochflüchtig auf dem Weg auf. Nun folgten die Frischlinge, aber nicht an der Schnur, nein, dicht nebeneinander und hintereinander, es war einfach nichts zu machen. Und ich war mir meiner Sache vorher so sicher gewesen! Ich hatte die Büchse schon abgesetzt, da folgte noch ein Nachzügler. Hochflüchtig beschoß ich dieses Stück. Ich hörte die Rotte dann noch in der Ferne weitere Gräben durchschwimmen, der Spuk war vorüber.

Ja, da fragt man sich, woher hat das Schwarzwild diese Intelligenz. Selbst diese kleinen braunen „Höpper" hatten schon von ihrer Mutter gelernt, daß man nicht hintereinander Straßen oder Freiflächen überquert. Aber es war ein wunderschöner Anblick, und ich war voller Jagdfieber und ausschweifender Passion. Am Nachmittag wieder Anlauf, aber leider alles Überläufer und stärkere Stükke. Es juckte zwar im Finger, als die ganze „Bande" auch noch auf dreißig Meter stehenblieb, aber Befehl ist Befehl. Ich wollte ja auch in den kommenden Jahren wieder an solch einer schönen Drückjagd teilnehmen dürfen. Keiler über fünf Jahre wurden nur auf der Ansitzjagd erlegt und gruppenweise mit Vorzeigepflicht freigegeben. Auf der abendlichen Strecke war mein beschossener Frischling nicht dabei, der schnell hingeworfene Schuß ging daneben. Na, und was meinen Sie, lieber Leser, wieviele Stücke hatten wohl die 35 Schützen zur Strecke gebracht? Die erstaunliche Zahl von 43 Frischlingen, darunter einige Albinos, alle mit bräunlichem Schimmer. Kein falsch geschossenes Stück. Welch eine Disziplin bei dieser vorzüglich organisierten Drückjagd.

Kein Wunder, daß im Forstamt Danndorf Trophäen von starken Hauptschweinen bewundert werden konnten. Ein Stück im Alter von neun bis zehn Jahren war darunter. Es geht, wenn alle an einem Strang ziehen.

Der Dezember 1971 war ins Land gezogen, wir hatten Vollmond, dazu lag Schnee, aber der Himmel war bewölkt, und ein leichter Nebel lag über Berg und Tal. Aber wen erst einmal die schwarze Passion gepackt hat, den hält es nicht mehr hinter dem warmen Ofen, der muß raus.

Gegen 22 Uhr schreckte Rehwild in der Ferne, ein gutes Zeichen für das Anwechseln von Sauen. Schon eine Viertelstunde später standen – wie von Geisterhand herbeigezaubert – zwölf Sauen am Rand der Suhle, eine Überläuferrotte. Darunter befand sich ein schwächeres Stück. Die Rotte brach im Schnee nach alten Maisresten und verhielt sich sehr vertraut. Aufgrund des schlechten Lichtes witterten sie keine Gefahr.

An der Suhle ein paar Maiskörner, da können die Sauen kaum widerstehen.

Nicht immer sieht man es so gut, dieser Überläufer ist führend!

Ein großer schwarzer Klumpen füllt die Schneise. Wer genau hinschaut, entdeckt die nachfolgenden Frischlinge im Gras.

Schwacher Überläufer-Keiler, der ideale Sommer-Abschuß.

Ich glaube, ich habe zwanzig Minuten in Anschlag gelegen, bis ich das schwache Stück genau ausgemacht hatte und es freistand. Bekanntlich gewöhnen sich die Augen nach langem Aufenthalt im Dunkeln gut an das schlechte Licht. Ich glaubte, es jetzt wagen zu können. Von unten ging ich ins Ziel und ließ fliegen. Sofort wurde repetiert, und ich lag weiter im Anschlag. Nach zehn Minuten war ich sicher, der Überläufer ist verendet.

Wenn Schwarzwild direkt am Anschuß zusammenbricht, besteht immer die Gefahr eines Krellschusses, und mancher Jäger hat schon große Augen bekommen, wenn nach einigen Minuten das Stück wieder auf die Läufe kam.

Drei Wochen gingen ins Land, die Sauen waren wie vom Erdboden verschwunden. Auch in anderen Revierteilen war nichts festzustellen, was auf ihre Anwesenheit schließen ließ. Endlich, am 22. Januar 1972, fährtete ich ein einzelnes stärkeres Stück. Die Rauschzeit sollte eigentlich schon abgeklungen sein. Ist es ein Keiler oder eine Bache, die sich bereits jetzt einen Sonnenhang für das Frischen sucht, lautete die spannende Frage.

Sechs Abende hintereinander saß ich ohne jeglichen Anblick auf meiner offenen Kanzel und hatte mir gerade geschworen: „Morgen gehst du nicht raus!", da fiel urplötzlich Schnee von einer Fichte, und im angrenzenden Stangenholz stand, wie wir Jäger sagen, „ein Klavier". Der Basse verharrte zunächst ruhig wie ein Denkmal, windete und zog schließlich im Abstand von etwa 20 Metern um die Kanzel. Jeder Jäger wird mit mir fühlen: Die Angst im Nacken, er könne Wind bekommen, zwang mich dazu, fast nicht mehr zu atmen. Es war windstill, und so ein „hauendes Schwein" hat Erfahrung, sonst wäre es ja auch nicht so alt geworden.

Für die Umkreisung brauchte der Keiler ungefähr zehn Minuten. Dann kam er mir wieder einigermaßen ins Schußfeld, aber spitz von hinten. Seine starke und lange Quaste zeigte an: Er hat ein gutes Alter. Während ich gespannt wie eine Feder im Anschlag lag, drehte er sich um 180 Grad, stand spitz zu mir hingewandt, hob das Haupt und drehte sich etwas zur Seite. Das reichte! Der Schuß brach über den Büsseberg, das Stück verschwand langsam in der Dickung. Jetzt hörte ich das Anfliehen an einen Baum, er hatte die Kugel. Aber ein älterer Keiler kann etwas vertragen.

Nach so langem Warten kam es mir nun auch nicht mehr auf eine Viertelstunde an, wenngleich natürlich bei einem Schuß auf ein stärkeres Stück die Unruhe – gepaart mit schlechtem Gewissen und Neugier – wächst. Die Büchse unterladen, ging ich zum Anschuß. Ja, viel Lungenschweiß, er hatte die Kugel. Mit der Taschenlampe konnte ich im Schnee die Fluchtfährte gut ausmachen. Zunächst folgte überhaupt kein Schweiß mehr, dann aber, nach dreißig Metern harter Arbeit am kalten Winterboden, wieder reichlich Schweiß. Aufatmen. Quergänge, wie es kranke Stücke meist vor dem Verenden machen, und da, ein schwarzer Berg auf einer Schneise. Vorsichtig, jetzt bereits mit repetierter Waffe, ging ich an das Stück. Es war längst verendet. Ich stand vor einem etwa fünfjährigen Keiler mit einer enormen Masse an Körpergewicht. Na ja, eigentlich hätte „er" ruhig noch etwas älter werden können. Das angestrebte Hegealter hatte er zwar erreicht, die Größe aber hatte getäuscht.

Ich befand mich in der Dickung schon hangabwärts, Richtung Krähenmizgrund. Nach dem Aufbrechen stellte ich fest, daß das Stück gar nicht vom Fleck zu kriegen war, wenn überhaupt, dann nach unten. Alleine ging es nicht, also zurück zum Pflanzgarten.

Ich fuhr zum treuen Jagdhelfer H. Selbst mitten in der Nacht stand er für solche Bergungsaktionen stets zur Verfügung. Zu zweit gelang es uns, den Keiler durch die Dickung zu ziehen und zu verladen. Donnerwetter, welch ein Gewicht! Zuhause brachte er 85 Kilo auf die Waage. Auf diesen Erfolg mußte natürlich eine Kiste Bier dran glauben. –

Wem Nachfolgendes noch nicht passiert ist, dem kann man kaum abnehmen, daß er viel auf Schwarzwild gejagt hat: Wir schrieben den 17. Mai 1972. Seit dreieinhalb Wochen war die Suhle nicht mehr angenommen worden. Dann stellte ich mit Erleichterung fest: Sie waren da. Die bewußten fünfzig Ansitzstunden pro Stück waren auch langsam um.

Gegen 19.45 Uhr saß ich wieder auf meinem angestammten Platz (in Jägerkreisen sprach man schon von der „Klotzschen Suhle"). Tagelang hatte es geregnet, der Boden war stark durchnäßt, heranziehendes Wild dadurch kaum hörbar. Um Viertel nach neun hörte ich hinter der Kanzel Brechen von Ästen. Zunächst konnte ich nur zwei einzelne Stücke ausmachen, aber dann standen plötzlich fünf gleichstarke Stücke in der Suhle. Bei fünf gleichstarken Sauen ging ich davon aus, daß es sich um vorjährige Herbstfrischlinge handelte, die jetzt, nachdem die Bache erneut gefrischt hatte, sich von ihr getrennt hatten. Doch was passierte jetzt? Alle zogen schnell aus der Suhle ins rechte Stangenholz, wo ein Schießen wegen des schlechten Lichtes unmöglich war. Hatten Sie doch etwas Wind bekommen? Die Wolkendecke riß leicht auf, als einer von den Fünfen wieder zurück in die Suhle zieht. Gegen den hellen Wasserstand war das Stück gut anzusprechen. 30 bis 40 Kilo schätze ich, und schon war der Schuß raus und die Bildfläche blitzartig leer. Nach zwanzig Minuten baumte ich ab. Am Anschuß dunkelroter Schweiß. Nach zehn Meter mühsamen Kriechens in der bürstendichten Fichtenschonung fand ich nur noch wenig Schweiß. Inzwischen war es 22.30 Uhr geworden, ich klitschnaß, und dann versagte auch noch die Batterie meiner Taschenlampe. Schönes Malheur, wo ich mir der Sache doch so sicher war.

Die Wundfährte hatte ich mit Zweigen abgesteckt und eilte mit dem Auto zur Firma W., die eine Tankstelle betrieb. Hoffentlich ist W. noch nicht im Bett, dachte ich. Er lag natürlich doch schon im ersten Schlaf, und ich hatte Mühe, ihn mit allen mir zur Verfügung stehenden Mitteln – wie Eisenstange und altem Eimer – aus dem Schlaf zu holen. Klingeln hatte zuvor überhaupt nichts gebracht. Schließlich wurde Licht gemacht. Sicherlich glaubte er jetzt an Einbrecher, die sich in seiner Autowerkstatt zu schaffen machten. Das Licht ging wieder aus, und auf leisen Pantoffeln erschien am Hinterausgang, mit einer Taschenlampe bewaffnet, Meister W.

Ich hatte Last, ihn davon zu überzeugen, wer ich war und was ich wollte. Ich glaube, er hatte zuviel getrunken. Das konnte gefährlich für mich werden. Laut gestikulierend und sprechend versuchte ich, die Sachlage zu erklären. Endlich hatte er kapiert. Passende Batterien konnte er leider jedoch nicht auftreiben. Ich bat ihn inständig, mir seine Taschenlampe mitzugeben, was er nach gutem Zureden dann auch tat. Jetzt ging es wieder zurück zum Tatort, in der Hoffnung, daß damit alle Probleme geklärt seien.

Aber bekanntlich ist der Erfolg häufig mit viel Schweiß verbunden. Die mit Zweigen ausgesteckte Wundfährte ließ sich gut wieder aufnehmen, aber dann wurde es schwierig. Auf dem durchnäßten Nadelboden gab es bald kein Weiter mehr. Für mich eine ungewöhnliche Situation. Endlich, nach sechzig Metern, ein Spritzer abgestreifter Schweiß an den unteren Ästen einer Fichte. Das war es dann aber auch endgültig. Weitere hundert Meter brachten nichts mehr als eine durchgerutschte Kniebundhose und einige Pfunde Tannennadeln in der Unterhose – ein eigenwilliges „Massagegefühl". Es langte für heute, nichts wie nach Hause und ins Bett, dachte ich.

Aber wie jedem Jäger, so blieb auch hier die bohrende Frage: Wo ist das beschossene Stück? Es ließ mir einfach keine Ruh. Ich kenne es in meinem relativ langen Jägerleben nicht anders: Ein beschossenes Stück muß vor dem Schlafengehen geborgen werden. So konnte ich kein Auge zumachen und wartete sehnsüchtig auf das bald anbrechende Tageslicht. Schluß mit den Gedanken, es dämmerte, raus aus den Federn und wieder zur Dickung in die Abteilung 13.

Bei Tage sah die Welt ganz anders aus, wenngleich es in der Dikkung immer noch etwas schummerig war. Das Ende der gekennzeichneten Fluchtfährte fand ich schnell, aber wie sollte es weitergehen?

Auf dem Bauch liegend, leuchtete ich jede Erhöhung auf dem Erdboden ab. Was man da alles an sauähnlichen Gegenständen entdeckt, ist kaum zu glauben. Etwa zehn alte Baumstubben hatte ich bestimmt vergeblich angerobbt. Aber schließlich entpuppte sich ein solches Gebilde dann doch einmal als Sau, ich hatte das Stück. Eine Kontrolle ergab, wieder kein Ausschuß. Beim Aufbrechen stellte ich fest, die Milz war durchschossen. Aber was kam denn da zum Vorschein: In der Tracht hatte das Stück (jetzt Ende Mai) zwei Foeten. Ich war total perplex und konnte mir das damals nicht erklären. Heute wissen wir durch den bekannten Verhaltensforscher H. Meynhardt aus Burg (DDR), daß eine Nachrausche aus verschiedenen Gründen vorkommen kann.

Zunächst drückte dieses Dilemma deutlich auf die Stimmung, später überwog die Freude, ein „zur Unzeit" beschlagenes Stück zur Strecke gebracht zu haben. Für den Gesamtbestand konnte man es sicherlich eher positiv bewerten. –

Nach fünf Monaten ohne Erfolg befand ich mich im Oktober nach Vollmond bei richtigem Sauwetter auf dem Weg zur Suhle. Es regnete, das Laub fiel von den Bäumen, ein kräftiger Wind ging auch noch, normalerweise bliebe man als erfahrener Jäger zu Hause. Es gelang mir, fast lautlos gegen den Wind an meinen Sitz heranzukommen. Irgendwie hatte ich ein komisches Gefühl, drehte mich auf der fünften Sprosse der Hochsitzleiter um und sah auf etwa 30 Meter in der Suhle ein Stück Schwarzwild stehen.

Eine fatale Lage. Ganz vorsichtig stieg ich weiter, öffnete mit großer Sorgfalt die Hochsitztür, ließ sie auf, setzte mich auch erst gar nicht, damit ja nicht das Sitzbrett knarrte und ging auf dem engen Stand kniend in Anschlag. Das Stück hatte meine Kletterkünste glücklicherweise nicht bemerkt. Durch das Zielfernrohr sprach ich es als schwachen Frischling an. Nicht einfach, in dieser Stellung auf so einen Höpper ruhig abzukommen. Nach dem Schuß brach er davon in die klitschnasse Dickung, wie konnte es anders sein. Nach der obligatorischen Pfeifenlänge baumte ich ab. Mit der Taschenlampe fand ich am Anschuß Schweiß, dunkelrot, also die fast übliche Nachsuche bei Schüssen an dieser Suhle.

Auf diese kurze Distanz lagen die Sauen meistens nicht am Anschuß. Meine Ballistik-Kenntnisse reichen nicht aus, um ein abschließendes Urteil darüber fällen zu können. Vielleicht kann es auch am Auftreffwinkel gelegen haben. „Schlumpschützen" suchen immer nach irgendwelchen Entschuldigungen...

Nach einer Stunde hatte ich jedenfalls die Wundfährte verloren. Jetzt schnellstens zu Heinz in unserem Ort, einem Mann, der sich ausgezeichnet als „Schweißhund" einsetzen ließ. Jetzt ging es mit zwei Taschenlampen ans Werk.

Mancher erfahrene Jäger und Hundeführer wird sich bestimmt Gedanken machen, warum ich immer wieder in der Nacht die Nachsuche, und dann noch ohne Hund, mache. Eine ganz klare Antwort darauf: Ein geeigneter Hund stand nicht zur Verfügung, und zweimal unterließ ich es, in der Nacht nachzusuchen. Beide Male folgte eine Enttäuschung. Und schließlich: Morgens fehlte aus beruflichen Gründen die Zeit.

Innerhalb der Dickung stießen wir auf eine kleine Lichtung, bewachsen mit Himbeeren und hohem Gras. Auf 15 Meter waren wir heran. Plötzlich ein verdächtiges Knacken, sofort hatte ich meinen Revolver parat. Höchste Spannung kam auf, Heinz leuchtete in das Gestrüpp, ich lag auf Warteposten. Jetzt, ein schwarzer Klumpen bewegte sich, Schießen war aber nicht möglich. Das Stück brach davon. War es überhaupt das Beschossene? Nein, es mußte ein gesundes gewesen sein, im Kessel lag kein Schweiß.

Mit viel Glück fanden wir die Schweißfährte wieder, sie ging in eine andere Richtung. Dann viel Lungenschweiß, etwas später eine Schweißlache, ja, zum Kuckuck, das Stück mußte doch hier liegen? Nach weiteren mühevollen Kriechübungen im Scheine der Taschenlampe eine leichte Erhebung. Vorsichtig mit dem Revolver heran: In der Tat, da lag es, aber von wegen Frischling: ein Überläuferkeiler und 40 kg schwer. Was sagen unsere Hegevorschriften? Einzeln gehende Stücke nicht beschießen, es stimmt, hier hatten wir den Beweis.

Viel Schweiß war geflossen, bei Sau und leichtsinnigem Schützen, entsprechend mußte der Flüssigkeitshaushalt des Körpers wieder ausgeglichen werden. Na ja, den Rest kann man sich denken…

Wildschäden

Das 600 Hektar große Revier, das sich in westlicher Richtung an große Staatsforsten angliederte, bot ideale Möglichkeiten, das Schwarzwild richtig zu bewirtschaften. Die vorhandenen Jagdeinrichtungen bedurften allerdings dringend einer Erneuerung. Mehrere neue Kanzeln wurden aufgestellt.

Die Schäden im Feld waren groß, es gab aber in den meisten Fällen im Einvernehmen mit den Bauern eine für beide Seiten zufriedenstellende Regelung. Aber natürlich keine Regel ohne Ausnahmen: Auf der linken Seite des „Gänseeis", eines leichten Berghanges, war, wie in jedem Jahr, Wildschaden angemeldet worden. Ich traf mich dort mit dem Jagdvorstand und dem Landwirt. In der Tat, das Weizenfeld sah böse aus. Besonders im Schattenbereich des Waldes hatten Sauen mit hilfreicher Unterstützung des Damwildes ganze Arbeit geleistet. Ich schätze den Ausfall auf dreißig Prozent der Gesamtfläche. Aus meiner Sicht eine faire Rechnung.

Der Bauer bekam einen roten Kopf, holte tief Luft und ergoß einen Reigen von Flüchen über die schöne Landschaft, die mich veranlaßten, zunächst etwas außer Reichweite zu gehen. Und dann kam das Schärfste: Er ging zu seinem Trecker und holte vom Anhänger einen Holzrahmen, genau 1 x 1 Meter im Quadrat. Der Jagdvorsteher und ich staunten nicht schlecht, als er den Rahmen gezielt von oben in ein Getreidestück fallen ließ, das nicht geschädigt war. „Was soll denn das geben?", fragte ich ihn. „Sie werden schon sehen", antwortete er. Ja, in der Tat, was ich da sah, ließ mich fürchterliches ahnen. Er fing an, die Halme zu zählen, die in diesem Quadrat standen, um dadurch Rückschlüsse auf die Fehlstellen im Getreide ziehen zu können. Ich glaube, er hatte so in etwa bis fünfzig gezählt, als ich ihm erklärte, daß seine mühevolle Kleinstarbeit sicherlich ja noch einige Stunden dauern würde, meine Zeit aber bemessen sei. Außerdem erschien mir diese Methode nicht realistisch, weshalb ich vorschlug, für den folgenden Tag einen amtlichen Wildschadenschätzer zu bestellen. Sein Gesicht wurde ziemlich lang, was sollte ich machen?

Von den etwa acht vom Wildschaden betroffenen Landwirten wollten drei ihre Ernte doppelt einbringen. Diese drei bekamen eine Sonderlektion durch einen amtlich vereidigten Schätzer, die der Jagdpächter allerdings zahlen mußte. In der Regel fielen die Gesamtkosten für den Jäger dann aber immer noch günstiger aus als bei einer Regulierung auf freiwilliger Basis.

Bei den in jedem Jahr immer wieder auftretenden Wildschäden mußte stark in die Frischlingsklasse eingegriffen werden. Vier Monate erfolglosen Ansitz hatte ich hinter mir, mehrfach dabei Anblick gehabt, aber es waren durchweg einzeln gehende Stücke, Bachen oder Keiler. Auf solche Sauen wollte ich nicht Dampf machen, sie allein sind für den angemessenen Altersklassenaufbau maßgebend.

Ansitz an der Suhle: Der Wind stand gut, ein Tag vor Vollmond, aber stark bewölkt. Gegen 20 Uhr schreckte das Rehwild, Alarmstufe 1. Und schon war der Teufel los. Der Wald glich einem Schweinestall. Wo sollte ich zuerst hinschauen? Auf allen drei Seiten der Kanzel nichts als Sauen. Jetzt stand ein starkes Stück in der Suhle, am Suhlenrand weitere acht Überläufer, rechts im Stangenholz mehrere Frischlinge, noch sehr klein. Wegen des erhöhten Wildschadens auf der Frühjahrssaat hatte ich mir über unseren Kreisjägermeister, (Jagdnachbar und später Präsident der Niedersächsischen Landesjägerschaft) Freiherr von Stietencron, zwei Überläufer zum Abschuß freigeben lassen.

Jetzt erschien ein noch stärkeres Stück, die Leitbache. Mit einem leisen „Wuff" hatte sie alles um sich geschart. Ich lag seit fünfzehn Minuten in Anschlag. Auf dem feuchten dunklen Erdboden war ein Abkommen auf einen freistehenden Überläufer nicht möglich. Ein Warnlaut der „Rottenchefin", alles steubte auseinander, ein einzelnes Stück verhoffte noch kurz, Schuß raus. Wenige Meter vom Anschuß sah ich es verendet liegen. Ein Überläuferkeiler von 40 Kilo mit einer alten Laufverletzung. Der linke Vorderlauf war zwischen Kugelgelenk und Laufoberteil stark deformiert und steif, aber völlig verheilt. Ja, Schwarzwild ist hart im Nehmen. Gott sei Dank ein Hegeabschuß, wenn auch vollkommen zufällig.

Der August zog ins Land, und damit begann die Angst um die bestellten und reifenden Felder. Unter dem Riepen fiel jährlich der größte Schaden an, die Getreideflächen reichen direkt bis an den Wald. Merkwürdigerweise handelte es sich immer wieder um ein bestimmtes Flurstück, das bevorzugt von Sauen angenommen wurde, ganz gleich, ob Weizen, Hafer oder Mais dort standen. Auch wenn der Acker vorübergehend mal für einige Zeit keine schmackhaften Früchte bot, gingen die Sauen hier zu Werke.

Ich kann mir das eigentlich nur so erklären, daß besondere (animalische?) Leckerbissen im Erdreich verborgen sein mußten. Dazu fehlt es auch bis heute an wissenschaftlichen Untersuchungen. Wüßte man darüber mehr, könnte man durch geeignete Maßnahmen hier und da vielleicht von vornherein Schäden ausschalten.

In einer alten alleinstehenden Überhälterbuche hatte ich mir dort einen Hochsitz gebastelt. Ich selbst hatte aus beruflichen Gründen wenig Zeit, einige meiner Mitarbeiter waren inzwischen schon zu professionellen Hochsitzbauern gereift. Verbunden mit einem kleinen Vesper bildeten solche Arbeiten an Wochenenden eine stimmungsvolle und angenehme Abwechslung. Bewundernswürdig wie Heinz und Antonio akrobatengleich in dieser alten Buche den Sitz einpaßten.

Hier saß ich nun mit Waltraud am 15. August 1973 auf Sauen an. Eine Feldinspektion hatte ergeben, daß schon erhebliche Flächen im Weizen niedergewalzt waren. Auf diesen Freistellen erhoffte ich mir, zu Schuß zu kommen. Es handelte sich noch um das langhalmige Getreide. Heute hält man es durch Veredelung kürzer, weil man auf das Stroh keinen großen Wert mehr legt. Wir baumten um 20.30 Uhr auf und hatten schon nach kurzer Zeit viel Anblick. Einige Damhirsche (leider alle II a) sowie Rehwild zogen an unserem Ansitz vorbei. Um 22.30 hörten wir es rechts im Weizen „schmatzen“. Drei schwarze Rücken zeichneten sich über dem Weizen ab. Sicherlich Bachen, denn rundherum quietschte es munter. Jetzt erschienen auf einer Freifläche mehrere Frischlinge. Der Mond schien gut, so daß es kein großes Kunststück war, auf fünfzig Meter einen Höpper zur Strecke zu bringen. Das Hauptziel war erreicht, die Bachen waren vergrämt und würden für einige Tage dieses Feld meiden.

Wird fälschlicherweise die Bache geschossen, kommen die hungrigen Frischlinge immer wieder an den Ort, wo sie ihre Mutter verloren haben, zurück und gehen verstärkt zu Schaden. Das Ziel einer Schwarzwildbewirtschaftung kann nur der Abschuß von möglichst vielen Frischlingen sein.

Speziell für diese Hegeabschüsse habe ich eine Hegenadel entworfen und in Umlauf gebracht. Wer als Jäger so diszipliniert ist und den Finger auf mittelalte Stücke gerade läßt, jagt biologisch richtig und trägt dazu bei, daß wir wieder ältere, erfahrene Leitbachen bekommen, die ihre Rotte sehr vorsichtig führen und auch im Wald nützlich sind.

Eine Woche später hockte ich wieder auf meinem Suhlenstammplatz. Gegen 20.40 Uhr brach es hinter mir. Wie magnetisch angezogen stürzten sich mehrere Frischlinge in das feuchte Naß. Es hatte seit sieben Wochen nicht geregnet. Mit einem Jauchefaß hatten wir wieder Emmerwasser oberhalb der Suhle angefahren und mit Feuerwehrschläuchen in die Suhle befördert. (Diese Prozedur habe ich in sehr trockenen Sommern des öfteren durchführen lassen, nur so kann man Schwarzwild in einem gewissen Gebiet standorttreu bekommen). Ich zählte bei schlechtem Licht jetzt dreizehn Frischlinge, von den dazugehörigen Bachen war nichts zu sehen, ihnen war das laute Kindergeplansche sicherlich nicht ganz geheuer. Sie standen sichernd im dunklen Dickungsrand, um jederzeit bei Gefahr durch einen Warnlaut die Kinderschar zurückzurufen.

Das Abkommen auf die immer in Bewegung befindlichen Frischlinge, dazu im Wasser, gestaltete sich verdammt schwierig. Lange zirkulierte ich und wartete, daß wenigstens mal ein Stück freistände. Dann hob sich ein einzelner Frischling gegen den Wasserspiegel gut ab. Lange vorher hatte ich schon eingestochen, im Schuß war die ganze Bühne leer. Laut schnaufend hörte ich die Bachen in der Dickung davonziehen. Mit dem Fernglas war nichts auszumachen. Nach üblicher Pause baumte ich ab, das Stück mußte doch irgendwo in der Nähe liegen. Auf dem Wasser zeichnete sich eine Schweißlache ab, am Suhlenrande war aber keine Schweißfährte zu entdecken. Aber was schwamm denn dort auf dem Wasser? In der Tat ragten ein paar Borsten über den Wasserspiegel. Sollte ich das Stück überschossen haben, so daß es sich hier nur um Schnittborsten handelte?

Dann dämmerte es bei mir: Was da vor mir herumschwamm, war der Rücken meiner Sau! Schnell besorgte ich mir einen längeren Stock, um das schwimmende „Etwas" genauer zu orten. Ja, es war der Frischling. Wie aber nun da herankommen? Ich habe es meiner Frau nach der Bergung des Stückes gar nicht erzählt, sie hätte mich sonst trotz peinlichster Säuberung meiner „Treterchen" aus dem Bett geworfen: Es gab nur eine Möglichkeit, Stiefel und Socken aus, Hose hochgekrempelt, und hinein ins feuchte, schlammige und stinkende Element. Ich stand bis über die Knie in meiner geliebten Suhle. Nun faßte ich den Frischling bei den Läufen und zog ihn an Land. Mit nackten Füßen tastete ich mich über die unangenehm prickelnden Tannennadeln und sonstigen Hindernisse bis auf den nahegelegenen, mit Gras bewachsenen Holzabfuhrweg und rupfte Gras, um Füße und Beine wenigstens vom „Gröbsten" zu reinigen.

Das Thingstättenfest

Dieser Frischling lieferte dann noch ein besonderes Nachspiel. Für den kommenden Tag war das sogenannte „Thingstättenfest" auf dem Büsseberg geplant. Waltraud hatte für das Essen schon alles besorgt, aber nun wollten wir den Frischling im ganzen Stück grillen.

Hartmut, passionierter Antiquitätenhändler und zum „Obertreiber" ernannt, besorgte einen von Hand zu drehenden großen, alten Spießgrill. Der Frischling wurde vor Ort auf dem Büsseberg aus der Schwarte geschlagen, gewürzt, und schon nachmittags um 15 Uhr begannen die ersten Mannen mit dem Feuer und dem Drehen des Frischlings über der offenen Flamme. Es wurde eine unendliche Dreherei. Schweißige Kostproben ergaben auch noch nach etlichen Stunden keinen genießbaren Erfolg. Der Schweinebraten wollte und wollte nicht gelingen.

Dort gab ich folgende Story zum besten: Ein Jagderlaubnisscheininhaber (Dr. H. aus Hameln) hatte noch nie eine Sau geschossen. Am Morgen des besagten „totalen Festes" hatte ich unterhalb des Fuchsbaues auf einem Weg im hohen Gras eine Überläuferscheibe so elegant plaziert, daß man auf 100 Meter an ein echtes Wildschwein glauben mußte. In der Frühe pirschte ich mit H. in Richtung dieses Ortes und meldete ihm (der hinter mir ging) leise.

„Dort, ein Überläufer, er ist auf dem Waldweg im Gras beim ‚Brechen'."

Er hatte wohl noch nicht viel mit der Kugel geschossen, weshalb er mich bat, mich etwas zu bücken. Er legte auf meiner Schulter an, für meinen Spaß mußte ich jetzt auch noch den unmittelbar an meinem Ohr bellenden Schuß über mich ergehen lassen. Der Überläufer stand bewegungslos da, „vorbeigeschossen, repetieren, nochmal", sagte ich. In der Tat, er fiel darauf rein, repetierte und schoß zum zweiten Mal, wobei ich mir jetzt aber beide Ohren zugehalten hatte. Was tun, er stand und stand. Nun wurde es auch H. nicht geheuer, und er schritt mit Büchse im Anschlag Richtung Anschußscheibe. Na, lieber Leser, Sie können sich sicher vorstellen, welche Reaktionen dann folgten.

Aber zurück zum „Frischlingsdrehen". Die ganze Meute lag hungernd auf der Lauer, jeder wollte sich schon mal mit dem Jagdmesser ein Stück abschneiden. Hartmut, in der Waidmannssprache würde man ihn als „Hauptschwein" klassifizieren, konnte es nicht abwarten. Inzwischen war es dunkel geworden, nur der Feuerschein und einige Kerzen auf den provisorischen Waldtischen erhellten das Gelage. Wir alle sahen deutlich, wie der Schweiß des Frischlings ihm an den Wangen herunterlief. Das Wildbret war ganz englischer Art, so wie „Welda", die liebe Frau von Hartmut, als Engländerin es liebte.

Gegen 23 Uhr konnte der lange Tierarzt aus Lübeck endlich „zum Essen" blasen. Er war ein Könner auf seinem Instrument. Wie die Vandalen fielen alle über das immer noch nicht ganz durchgebratene Stücke Schwarzwild her. In der Tat konnte man das wohlige „Schmatzen unserer Rotte" in großen Teilen des Revieres hören. Viele Fleischreste bekamen die mitgebrachten Hunde, die wir sicherheitshalber an den Bäumen angebunden hatten. Es war eine einmalige schöne Sommernacht, so recht nach Jägerart.

Ich glaube, es war gegen fünf Uhr am Morgen, als die meisten sich wieder im heimischen Kessel eingeschoben hatten. H. und G. konnten natürlich nicht mehr nach Hameln fahren, sie schliefen bei uns. Man hatte aber nicht vergessen, das abgenagte Wildschweingerippe im Fond des Pkw zu deponieren. Am Vormittag erwachten die ersten Krieger, und ohne viel Worte schlich man sich aus dem Haus. Höflich wie wir „Klötze" nun einmal sind, begleiteten wir die Gäste zu ihrem Wagen.

Die Sonne brannte schon am Vormittag unerbittlich über dem schönen Emmerthal. Sie hatte innerhalb des Blechkäfigs einiges geleistet. Beim Öffnen der Wagentür entfleuchte dem Fahrzeug ein penetranter Wildgeruch. Erst jetzt nach 24 Stunden Einwirkung von Hitze war das gesamte Wildbret „mürbe". Noch nach Wochen war dieses Auto eine Stinkbombe, ich weiß Gott sei Dank nicht, was mit den Resten des Frischlings passiert ist. Einige Wochen später mußte der Wagen wegen „saumäßigen" Geruchs verkauft werden.

Nun war wieder Ruhe eingekehrt, und ich ging zum Hundczwinger, um Bliska zu füttern. Was sehe ich da? Die Tür stand auf. Von mei-

83

nem Hund nichts zu sehen. Ach, du liebe Güte, das durfte doch nicht wahr sein, ich hatte meine DD-Hündin auf dem Büsseberg vergessen. Sofort eilte ich dorthin. Sicherlich auch von der guten nächtlichen Mahlzeit noch müde, lag sie brav neben einer Buche und schlief. Bevor an dieser sehr mitgenommenen Thingstätte eventuell Besucher des Waldes vorbeikommen würden, sammelte ich alle Reste, die wir beim Aufbruch nicht mehr erfassen konnten, zusammen und fuhr es nach Hause. Das war kein Märchen, sondern ein Tatsachenbericht über das Benehmen von Saujägern an der Kirrung und die Versorgung des Wildbrets durch unsere lieben Frauen. Ein unvergeßliches jagdliches, aber auch gemeinschaftliches Erlebnis unter Freunden.

Inzwischen waren die Felder kahl und leer, nur an der Grenze nach Gellersen stand noch ein letztes Maisstück, ungefähr 500 Meter vom Wald entfernt. Hierhin hatten sich die Sauen bis dato noch nicht getraut. Mein Inneres sagte mir: Die Äsung für das Wild wird knapp, jetzt bekommen die Sauen Mut und ziehen in dieses offen liegende Maisfeld. Eine Eisenleiter sollte dort zum Erfolg verhelfen.

Leider war zwischen dem weit entfernt liegenden Wald und dem Feld schon alles umgepflügt. Dreiviertel-Mond reichte trotzdem aus, Sauen auf diesem relativ dunklen Untergrund ansprechen zu können. Wann würden sie kommen? Ich saß schon um 21 Uhr an. Der Mond beleuchtete die Schollen des Ackers so intensiv, daß das ganze Feld hell glitzerte. Dazu war es „saumäßig" kalt, leichter Bodennebel wallte im Tale auf.

Gegen Mitternacht machte ich mit dem Glas ein einzelnes Stück Schwarzwild aus, das im Troll genau auf meine Leiter wechselte. Im Zielglas verfolgte ich die Sau mit dem Zielstachel aus etwa 300 Metern Entfernung. Sie kam immer spitz auf mich zu. Jetzt war sie auf fünfzig Meter heran, ein gewaltiger Kasten. Aber sie tat mir nicht den Gefallen und ändert etwas ihren Kurs. Der Wind stand so gut, daß die Sau direkt auf etwa fünf Meter Distanz an meiner Leiter vorbei in den Mais zog.

Diese Minuten haben ganz schön an meinen Nerven gezehrt. Mich faßte die Wut, und ich warf meinen alten speckigen Sauhut auf die jetzt 10 Meter hinter mir im Mais stehende Sau. Die nahm

84

das gar nicht zur Kenntnis. Es krachte im Mais, als ob eine Waldarbeiterkolonne sich im Einschlag befindet.

Das Frühjahr 1974 brach herein, und damit wieder die Sorge um die Feldeinsaaten. Bauer Echtes Feld links vom Riepenweg war schon immer ein Stück Land, das gern von Sauen aufgesucht wurde. Links, im freien Feld, wo früher die berüchtigte Ansitzkiste von H. stand, hatten wir jetzt einen Hochsitz errichtet. Es fehlte aber aus Zeitmangel noch das Sitzbrett.

Am 8. April hatte ich mich auf meinem Sitzstock auf diesem Gerüst bei herrlichen Frühjahrswetter niedergelassen. Entfernung zum Wald 100 Meter, zwanzig Meter vor der Kanzel ein Lattenzaun. Es war gegen 21.45 Uhr, als urplötzlich sechs schwache Sauen hochflüchtig aus dem Schatten des Waldrandes das mondhelle freie Feld überfielen. Meine schnelle Berechnung sagte mir: Durch den Zaun können sie bei dem hohen Tempo nicht kommen.

Was ich nicht für möglich gehalten hatte, geschah: Fünf Stück überfielen den etwa 70 Zentimeter hohen Zaun. Das letzte Stück bremste stark ab und erhielt bei etwas langsameren Tempo die Kugel. Nach dem Schuß drehte es noch eine Ehrenrunde und verendete kurz darauf zehn Meter vor meiner Kanzel. Ein schwacher Überläuferkeiler.

Ich brauche an dieser Stelle eigentlich nicht zu wiederholen, daß meine Erfolge bei der Schwarzwildjagd sicherlich auch damit zusammenhängen, daß doch fast jedes Stück außer der harten Kugel auch anschließend genügend flüssigen „Stoff" bekommen hat. Wer sich an den Anfang meiner Berichterstattung erinnert, weiß noch von der Atmosphäre beim „Tottrinken" im Forsthaus Gradberg. Es muß alles in Maßen bleiben. Mögen sich die Jungjäger diese Erfahrung zunutze machen, denn leider erleben die heutigen Waidgesellen viel zu wenig jagdliche Geselligkeit. Weit entfernte Reviere, die meistens nur noch am Wochenende bejagt werden, lassen zu wenig Kontakt zu den einheimischen Bauern und Jägern zu.

Hier muß ich von einem Freund besonderer Art sprechen, dem bereits erwähnten „Gustav", unter dieser Bezeichnung in weiten Kreisen der Jägerschaft als Hauptschwein bekannt.

Ich, der ihm den Namen gab, verfolgte ihn schon seit Jahren. Kilometerweit war ich einige Winter seine Fährte ausgegangen. Wenn man sich diese Mühe einmal macht, findet man die Erklärung, wie es überhaupt möglich ist, daß trotz starkem Jagddruck, kleinen Revieren und wenig Ruhezonen für unser Wild durch hegerische Maßnahmen auch unser Schwarzwild alt werden kann.

Außerhalb der Rauschzeit stecken sich die Keiler mit Vorliebe in kleinen Randrevieren, manchmal nur in mittleren Dornenhaufen. Gegenden, in denen fast ganzjährig Schwarzwild nur sporadisch auftaucht, sind für das „hauende Schwein" die sichersten Einstände.

Durch die Verfolgung von Gustav habe ich tiefe Einblicke in das Leben der alten „Uriane" geworfen, die mir manches erklären. Er, Gustav, war en besonders ausgekochter Vertreter seiner Art. Während der gesamten Mondscheinperiode eines jeden Monats, außer der Rauschzeit, ging er grundsätzlich alleine und verließ die Dikkungen nur bei dunklem, schlechtestem Wetter – Sauwetter, wie wir es des öfteren zu sagen pflegen.

Zunächst kannte ich nur seine Fährte, die ich mit einem Fährtenlineal ausgemessen hatte. Die Schrittweite zeigte mir an, daß es sich um einen älteren Keiler handeln mußte. Gesehen habe ich ihn nur einmal. Trotz eines starken Gewitters war ich auf meinem Suhlenstammplatz geblieben. Alle Taschen hatte ich von Teilen aus Metall befreit, das Gewehr in der äußersten Ecke des Hochsitzes abgestellt. Blitz und Donnerschlag folgten direkt aufeinander. Was läßt man als Jäger nicht alles über sich ergehen, um an Sauen zu kommen! Und das ist ein alter Hut, nach Gewitter und starken Regenfällen sind auch die Sauen unterwegs, wenn es in den Dickungen ungemütlich wird.

Es regnete noch in Strömen, ich saß etwas verängstigt in meiner Hochsitzecke, da – urplötzlich – ist die kleine Schneise hinter der Suhle mit etwas Schwarzem ausgefüllt. Eine Kuh, ein Rind? Nein, Gustav steht scheibenbreit bei etwas nebligen Licht auf der Schneise. Der Anblick faszinierte mich so, daß ich im ersten Augenblick gar nicht auf den Gedanken kam, zur Büchse zu greifen. Das starke Gewitter und dieser geisterhafte Anblick hatten mir, so glaube ich, einen leichten Schock versetzt.

Bis ich meine Mauser 66 endlich zur Hand hatte, war die Bühne leer. Noch lange Stunden habe ich an diesem Abend gesessen, in der Hoffnung, Gustav würde vielleicht die Suhle annehmen. (Aus

86

Von den älteren Stücken flankiert, wechseln die Frösche den Weg entlang.

Hier sind die „Feinschmecker-Rüssel" offensichtlich fündig geworden.

Bei Regen ziehen die Sauen gern früh aus den nassen Beständen.

Da war eine Störung: Mit aufgestelltem Pürzel flüchten die Überläufer in die nächste Deckung.

Erfahrung kann ich sagen, daß Sauen auch bei nassem Wetter gerne Suhlen aufsuchen). Es tat sich aber nichts mehr. Meine Verfolgungsjagd auf Gustav wurde jetzt natürlich noch intensiver.

Im August 1974 hatte er die Suhle angenommen, der Malbaum sah entsprechend aus. Hier hatte ich die Möglichkeit, in etwa die Stärke von Gustav abzuschätzen. An dem abgestreiften Schlamm ergab sich eine Höhe von etwa 65 Zentimetern. Eigentlich hatte ich jetzt einen vollständigen Steckbrief von ihm. Grau ist zwar alle Theorie, aber bekanntlich sieht Schwarzwild bei Mondlicht immer größer aus, als es in Wirklichkeit ist. Entscheidend ist dabei, wie das Stück vom Mond beschienen wird und von welcher Seite man es sieht. Die Größe spielt für die Altersbestimmung von reifen Stücken eine untergeordnete Rolle, vielleicht sogar gar keine. Aber um Gustav in etwa identifizieren zu können, gab die Größe immerhin einen Anhaltspunkt.

Der September 1974 zog ins Land, verstärkter Ansitz im Felde. Von der „dicken Buche" aus hatte man einen guten Überlick, der Weizen direkt vor dem Wald war abgeerntet, das Stoppelfeld bot ideale Ansprechmöglichkeiten. (Leider werden heutzutage die Stoppelfelder sofort nach der Ernte wieder umgebrochen, für uns Jäger ein großer Nachteil).

Im Walde hörte ich gegen 21.30 Uhr Quieken, und urplötzlich standen zwei Überläufer auf dem Feld. Wahrscheinlich zwei junge Keiler, denn dauernd rangelten sie miteinander. Einen Moment hielt ein Stück still, auf 80 Meter ließ ich fliegen. Das Stück lag im Knall und schlegelte noch etwas. Ich hatte inzwischen repetiert, aber ein zweiter Schuß erschien nicht notwendig. Es trat vollständige Ruhe ein, ich zündete meine Pfeife an und hatte mir vorgenommen, wie üblich nach fünfzehn Minuten den Ansitz zu verlassen.

Rechts hinter mir stand noch Weizen auf dem Halm, und bei der Ruhe der Nacht hörte ich plötzlich etwas ziehen. Ich dachte an einen Dachs oder an ein anderes Stück Wild, als ich mit dem Fernglas auf 70 Meter ein starkes Stück Schwarzwild in Anblick hatte. Etwas in verdrehter Haltung versuchte ich, mit meiner „zweiten Braut", der Mauser 66, in Anschlag zu gehen. Das Stück zog jetzt über eine kurze Freifläche im von Wind und Wetter heruntergewalzten Weizen. Ein faszinierender Anblick, ich glaubte fest an Gustav und schätzte ihn auf mindestens fünf bis sechs Jahre. Mit dem Fernglas ließ er sich gut ansprechen, mit dem Zielfernrohr gegen den aufgezogenen Mond wollte es jedoch einfach nicht klappen. Das Mondlicht stand direkt ins Glas. Erregung kam auf. Nun war er endlich da, auf siebzig Schritt, und keine Schußmöglichkeit. Mit allen Tricks versuchte ich, das Glas vorne gegen den Mondschein abzudecken, es ging nicht. Gustav hatte wieder im wahrsten Sinne des Wortes „Schwein gehabt".

Durch meinen ersten Schuß auf den Überläuferkeiler war der „Alte", der bereits an anderer, sicherer Stelle im Gebräch stand, unsicher geworden und hatte den Rückzug zum naheliegenden Walde angetreten.

Mitte September 1974. Mittags hatte ich an Heißmeiers Mais den ersten Wildschaden abgeschätzt, immerhin 5.500 Mark. Auf dem Mittelbrink sah es ebenfalls böse aus. An dem Hang zu Hommels Tannen gab es keine Ansitzmöglichkeit, von der Kanzel an der oberen Ecke konnte man die entscheidenden Punkte nicht einsehen. In der Schlosserei hatte ich mir eine leichte Eisenleiter bauen lassen. Zusammengeklappt konnte diese gut mit dem VW-Bulli transportiert werden. Mit H. stellte ich nachmittags die Leiter auf, reichlich nah am Wald, die Windverhältnisse hier am Hang waren nicht die Besten.

Gegen 20 Uhr wechselte ein Bock in den Schlag. Das verheißt noch einige Wartezeit, war meine Gedanke, als es im Walde knackte und rauschte. Kurzes Schrecken, und schon war der Bock verschwunden. Der Mond stand jedoch noch hinter dem Hang, also schlechtes Licht. Da, etwas Schwarzes, es gab kein Abkommen. Jetzt ging es munter zu, vor meiner gerade nicht feststehenden Leiter tummelte sich ein ganzer „Schweinestall".

Der Kampf mit der Dunkelheit begann, mindestens ein Dutzend mal reinigte ich das Zielfernrohr mit dem Taschentuch, aber heller wurde es trotzdem nicht. Es war völlig windstill, welch ein Glück. Ich konnte die „Sprache der Sauen" untereinander gut hören, allerdings nur weniges verstehen. Such- oder Warnlaute waren nicht zu vernehmen, ein Zeichen dafür, daß kein älteres Stück dazugehörte. Dann stand ein Stück auf etwa acht Meter frei. Wo war vorne? Wo war hinten? Jetzt bewegte es sich nach links, etwas schräg von

90

hinten setze ich die Kugel an. Im Knall ein kurzer Klagelaut, und ein „Rauschen" geht durch den angrenzenden Wald. Die Bühne ist geräumt. Bei solchen gewagten Schüssen wartet man besonders lange, um das Stück im Wundbett verenden zu lassen.

Nach dreißig Minuten hielt es mich aber nicht mehr auf der unbequemen Leiter. Das Finden des Anschusses gestaltete sich mühsam. Dann stieß ich auf Schweiß, und nur zehn Meter weiter stand ich am verendeten Stück. Für die nächsten Tage würde wohl in diesem Getreidestück erst einmal Ruhe herrschen.

Der Herbst hatte mit allen seinen prächtigen Farben Einzug ins schöne Emmerthal gehalten, der Kalender signalisierte Vollmond, aber der Himmel hielt sich bedeckt. Meine Frau kennt das schon, wenn ich zu dieser Zeit des öfteren vor die Tür gehe, an einer bestimmten Ecke im Garten „nässe", Wind und Himmel prüfe. Dann kommt Unruhe bei mir auf, das sogenannte Saufieber hat mich wieder gepackt.

Schon mehrere Tage war ich nicht mehr an meinem Stammplatz, der Suhle, gewesen. Der Wind stand gut, ich mußte dringend dorthin. Ich bildete mir ein, daß im Osten der Himmel sich auflockerte, der Wind kam von dort, günstig für einen Ansitz am Schlammloch. Um 19 Uhr hatte ich es mir auf dem etwas engen, aber geliebten Hochsitz bequem gemacht, langsam gewöhnten sich die Augen an die Dunkelheit. Um 20.30 Uhr deutliches Platschen in der Suhle. Zunächst konnte ich mit dem Glas nichts erkennen. Ja, jetzt sah ich es, zwei schwache Überläufer, ein dringender Hegeabschuß. Aber wie, wenn das Zielfernrohr alles grau in grau zeigt? Die ersehnte Helligkeit von Osten war noch nicht eingetreten, zwanzig Minuten lag ich im Anschlag. Über eine so lange Zeit immer wieder zu versuchen, ein Stück ins Visier zu bekommen, das bedeutet Schwerstarbeit für die Nerven.

Nun zog der Kujel aus dem Wasser an den Rand der Suhle. Diana lächelte mir zu, der Himmel gab für einen Moment den Mond frei, jetzt hatte ich mein Ziel voll im Griff. Im Schuß brach das Stück zusammen. Nach üblicher Wartezeit baumte ich ab, am Anschuß lag ein starker Frischling von etwa 30 Kilogramm.

Wie Jagdunfälle passieren können

An einem herrlichen Herbstabend saß ich auf der offenen hohen Kanzel auf dem Gänseei. Die Schneise hatte ich etwas freischneiden lassen, der Grasweg war neu gemäht. Zunächst äste Mümmelmann am frischen Grün, gegen 19.35 Uhr wechselte ein prächtiger Ib-Schaufler über die Schneise. Der Abschuß an Hirschen war jedoch bereits erfüllt.

Plötzlich gegen 20 Uhr, ein stark pfeifendes Geräusch direkt neben meinem Kopf, dann folgte ein Knall. Automatisch versuchte ich in Deckung zu gehen, wenngleich gar keine vorhanden war. Hatte jemand auf mich geschossen? Was tun? Zunächst einmal schnellstens runter vom Hochsitz.

Aus Richtung Feld konnte die Kugel nicht gekommen sein, also begab ich mich in gerader Richtung bis zu Staatsforstgrenze, hängte meine entladene Waffe in einen Baum und wanderte in Fortsetzung der Schneise pfeifend gen Westen. Was sah ich da? Etwa 100 Meter von der Grenze entfernt auf dem Grasweg bewegte sich Revierförster Sch. aus Gellersen. Als ich näherkam, konnte ich ihm Waidmannsheil wünschen zu einem gerade gestreckten Überläufer.

Ich fragte ihn sofort: „Haben sie ihn vor ungefähr zehn Minuten geschossen?" – „Ja, das stimmt." Ich erzählte ihm von der pfeifenden „Kanonenkugel", und wir rekonstruierten den Fall wie folgt: Das Keilerchen stand in einer Vertiefung auf dem Grasweg. Diese Feuchtstelle war wegen der bevorstehenden Holzabfuhr mit Bruchsteinen aufgefüllt worden. Nachdem die Kugel den Wildkörper durchschlagen hatte, prallte sie gegen einen der Steine – wir fanden die Stelle – und ging im schrägen Winkel auf Fahrt ins nachbarliche Revier. Hier saß nun zufällig der Saujäger Klotz auf der Kanzel, in dessen Höhe das Rest-Projektil bösartig vorbeizischte. Ein seltener Fall, aber man sieht, was alles passieren kann und womit man rechnen muß, auch wenn es deshalb nicht nötig ist, mit einem Stahlhelm auf die Jagd zu gehen.

Ein zweiter Fall: Im nahegelegenen Revier Lichtenhagen auf der Ottensteiner Hochebene klagte der dortige Jagdpächter über mächtigen Wildschaden im Mais. Er bat mich, ich möge mich doch mit einigen weiteren Jagdfreunden dort ansetzen. Warum nicht! Mal ein anderes Revier, das sorgt für Abwechslung im Jägerleben. Anfang Oktober holte ich Fritz in Welsede ab, und wir fuhren beide bei Dreiviertel-Mond auf die Ottensteiner Hochebene.

Ich hatte mir bei Tage schon die Ansitzmöglichkeiten angesehen. Ganz deutlich waren auch die Hauptwechsel vom naheliegenden Staatsforst Grohnde in das Maisfeld auszumachen. Das Maisstück erstreckte sich auf etwa 200 Meter und endete mit der Schmalseite am Wald. Zwei Leitern standen dort, eine in Nähe des Waldes, die andere genau entgegengesetzt an der anderen Seite des schon stark geschädigten Maisstückes.

Vorschriftsmäßig wies ich Fritz die Leiter am Wald an, erklärte ihm genau den Hinweg, den er gehen mußte, damit er keine möglichen Sauwechsel überquerte.

Wir baumten gegen 21 Uhr auf und hofften wie immer auf guten Anlauf. Vorher hatten wir abgemacht, daß wir gegen 1 Uhr abbrechen würden. Um 23.30 Uhr legte sich leichter Herbstnebel über die Hochebene, das Büchsenlicht wurde immer schlechter. Die Nebelwände wanderten, so daß es zwischendurch immer mal wieder Lücken gab. Eigentlich ideales Sauwetter.

Kurz nach Mitternacht nahm ich auf der linken Seite des Maisfeldes schemenhaft etwas Dunkles wahr. Der Punkt durchquerte gerade eine Nebelmauer, fünfzig Meter weiter mußte er auf eine helle Stelle kommen, darauf konzentrierte ich mich mit der Büchse. Ich hatte sie aufgelegt, aber wie immer noch nicht entsichert. So nahm ich auf dieses noch nicht klar anzusprechende „Etwas" Maß. Wie so oft stellte sich Jagdfieber ein, es könnte ja der Lebenskeiler sein. Jetzt endlich konnte ich durch das Fernglas das Ziel ansprechen – es war Fritz.

Im ersten Moment war ich so zu Tode erschrocken, daß ich die Jagd aufgeben wollte. Wer in einer solchen Situation etwas zu schußhitzig ist, hätte sicher seinen Jagdfreund unbeabsichtigt erschossen. Lange brauchte ich, um mich von diesem Schrecken zu erholen. Als Fritz näher kam, war ich noch gar nicht in der Lage, ihm diesen

Hergang zu schildern. Erst als wir im Auto saßen, gratulierte ich ihm zu seinem Weiterleben.

Was war geschehen? Erstens war Fritz eine Stunde zu früh abgebaumt. Außerdem hatte er einen anderen Rückweg gewählt. Seine Begründung: Auf der anderen Seite des Maisfeldes hätte er Sauen einwechseln gehört und nun versucht, diese anzupirschen. Ich halte es grundsätzlich so: Wenn ich eventuell damit rechnen muß, daß noch andere Jäger im Revier ansitzen, gehe ich mit einer kleinen Taschenlampe bewaffnet durch die Schützenlinie. Ein kurzes Aufblinken genügt, um auf sich aufmerksam zu machen.

Ende Oktober zog es mich wieder zu meiner geliebten Suhle. Es regnete und stürmte seit Tagen. Gerade bei solchem Wetter sind die Sauen gern unterwegs, da ihnen normalerweise bei solchen Bedingungen am wenigsten Gefahr droht. Aber immerhin: Wir hatten Dreiviertel-Mond, und ein konstanter Wind ist besser als der sogenannte „Küselwind", bei diesem Wetter haben die Sauen häufig schon auf weite Entfernung unsere Wittrung mitbekommen, ganz gleich aus welcher Richtung sie heranziehen. Aber heute, bei konstantem Wind aus Ost, schien ein Ansitz am alten Platz genau das Richtige zu sein. Wenn sie hier in der Tat von hinten kommen sollten, dann würden sie schon auf weite Entfernung Wind bekommen und dieses unangenehme Ereignis nicht mit der Suhle in Verbindung bringen. Und diese Wasserstelle übte nach wie vor eine magnetische Anziehungskraft auf die wilden Schweine aus, wobei ich natürlich mit eigenem „Hausrezept" noch etwas nachhalf.

Im Langenbergsgrund ließ ich meinen „Schlitten" stehen, je nach Witterung: Bulli, Jeep, VW oder Mercedes. Der Pirschweg war durch die tagelangen Regentage völlig versaut, Äste und matschige Erde ließen ein Vorwärtskommen nur unter größten körperlichen Anstrengungen zu. Und mit der Kondition ließ es doch erheblich nach. Auch in den halbgeschlossenen Hochsitz hatte es kräftig reingeregnet, die angebrachten Planen an den Sehschlitzen wehten im Winde.

Eigentlich ein Wahnsinn, bei solchem Sauwetter rauszugehen. Von 19 Uhr bis 21.30 Uhr saß ich an, wurde vom Wind und Regen kräftig zerzaust und glaubte trotzdem an Sauen. Aber dann war aller Optimismus weggeblasen, ich wollte nach Hause ins warme Nest. Mit der Taschenlampe leuchtete ich in die rechte Suhle im Stangenholz, um zu prüfen, ob sie eventuell schon vor meinem Kommen dort gewesen waren, als es gleichzeitig in der linken Suhle plätscherte. Licht aus, Ruhe behalten und mit dem Glas alles genau ableuchten. Ich erkannte zwei schwache Stücke, die aber schon nach kurzer Zeit wieder in der Dickung verschwanden. Da – schon nach zwei Minuten standen sie breit am Rand der Suhle. Der Himmel meinte es gnädig mit mir, er riß kurzfristig auf, jetzt mußte ich handeln. Schuß, und kein Flüchten von Wild. Es war nicht auszumachen, der Wind brauste über die Abteilung 13 und das „Gänseei". Jetzt schien es mir noch dunkler als vorher, aber nach zehn Minuten gab der Himmel den Mond für einen längeren Zeitraum frei, und ich sah mit bloßem Auge das verendete Stück am Anschuß liegen.

Wo soll man nicht alles gleichzeitig übersehen und schützen. In der Feldmark war bis auf ein Stück Mais auf dem Mittelbrink alles abgeerntet. Dort in der Nähe stand eine Kanzel, die ich an einem der darauffolgenden Abende bezog.

Windstill, relativ gutes Licht, eigentlich viel zu hell für Sauen, die dieses Maisfeld ohne jede Deckung über freies Feld erreichen mußten. Nun hatte ich schon drei Stunden angesessen, zwischenzeitlich kam viel Wild in Anblick, ein Rudel Damwild mit ein paar starken Hirschen, ein Dachs, alle zogen in das Maisfeld. Nur die Sauen fehlten. Ich mußte sie beim Auswechseln erwischen, wenn sie im Anwecheln waren, denn sind sie erst im Mais, kann man getrost nach Hause gehen, um sich dem Zerstörungsgetöse zu entziehen. Um sich selbst etwas über die Ohnmacht zu trösten, kann man höchstens ein paar Schreckschüsse abgeben.

Ich war „ansitzmüde", ja so etwas gibt es auch, wenn man ehrlich in sich hineinhorcht. Ich bummelte Richtung Feldweg Krähenmizgrund über das helle freie Feld meinem Fahrzeug zu. Zwanzig Meter vor dem Wagen entlud ich gerade meine Büchse, als urplötzlich mir etwa fünfzehn Sauen frontal entgegenziehen. Ich kam nicht mehr zum Laden und stehe etwa 20 Meter von meinem Auto entfernt praktisch mitten in einer Rotte Sauen. Ob ich zwischenzeitlich auch schon Sauenwittrung an mir hatte? Überwältigt von dem Ereignis gab ich es auf, schulterte meine Büchse und beim lauten Zuschlagen der Wagentür flüchteten die Schwarzen zurück in den Wald. Ich wünschte guten Appetit, aber bitte in anderen Gefilden.

In solchen Augenblicken geht man als passionierter Heger und Jäger mit den Nerven zu Fuß. Am darauffolgenden Tag veranlaßte ich, daß sofort ein elektrischer Zaun auch um dieses Stück Mais aufgestellt wurde. Vorher kämmten wir aber mit mehreren Hunden das Feld durch. Immer wieder erleben wir es auch noch heute, daß Sauen im Maisfeld eingesperrt werden. Jetzt im Jahre 1987, in dem ich dieses niederschreibe, ist es erst kürzlich wieder passiert. Maisfelder sollte man schon kurz nach der Einsaat durch geeignete Zäune schützen.

Das Jahr 1975 hatte feuchtfröhlich seinen Einzug gehalten. Es war bei uns alte Tradition, daß Silvester aus allen Flinten scharf geschossen wurde. Später wurden dann auch Signal- und Leuchtpatronen untergemischt. Man wußte dann nie, ob ein kräftiger Rückschlag erfolgt, was besonders für unsere Damen ein nette Überraschung abgab.

Nun sollte das 45. Stück Schwarzwild fallen. Mit Heinrich saß ich – wie fast immer – auf dem alten Stammplatz, „der Klotzschen Suhle". Wir hatten Dreiviertel-Mond, und der kräftige Wind schob die Wolken in Fetzen vor sich her. Von 19 Uhr bis 22.30 Uhr tat sich gar nichts, dann standen fünf Überläufer im rechten Stangenholz. Ein Stück zog etwas vor, jetzt stand es frei. Schuß, und ein anschließendes Anfliehen an einen Baum kündigte Gutes an. Das Stück hatte die Kugel.

Nach dem Abbaumen hatte ich Büchse, Fernglas und Parka, alles was beim Aufbrechen stören könnte, an die Leiter der Kanzel gehängt. Heinrich und ich standen mit der Taschenlampe am Anschuß, als es plötzlich in der Dickung fauchte und quiekte. Heinrich drückte sich hinter mich, vor uns stand auf drei Meter im Kegel der Taschenlampe wutschnaubend eine drei- bis vierjährige Bache, relativ stark, ich schätzte sie auf 180 Pfund. Rundherum sprudelte es voller Frischlinge, eine prekäre Situation.

Heinrich zischte mir von hinten leise ins Ohr: „Los, ich hole das Gewehr, wir kommen hier sonst nicht lebend davon." Wie konnte so etwas möglich sein? Die Stücke kamen genau mit dem Wind, und die Bache war durch die Lampe geblendet. Die Frischlinge, jetzt im Januar etwa 30 Kilo schwer, gaben auch schon ganz schöne „Hosenflicker" ab. Sie akzeptierten uns angehende Keiler offensichtlich, im Gegensatz zu uns fühlten sie sich wohl. Die Bache hielt trotz Aus- und Einschalten der Lampe ihre Position, wir beide zwangsläufig natürlich auch.

Nach einigen Minuten merkte ich doch, wie sich meine Haare unter dem speckigen Hut aufrecht stellten – aus Erregung oder Angst? Auch die Federn der Bache standen aufrecht, allerdings aus anderem Grund: zur Verstärkung ihres Habitus, um uns noch mehr Respekt einzuflößen. Nach dem Motto, der Gegner muß noch größer und wütender erscheinen, sprang ich nach bangen fünf Minuten, die Arme hochwerfend und laut schreiend, auf die Bache zu. Das war ihr zuviel, sie verließ fluchtartig die Bühne. Bei einem Blick rückwärts war auch mein Heinrich Richtung Hochsitz verschwunden. Sicherlich hatte er angenommen, ich wäre nicht ganz bei Sinnen, als ich mit meiner überwältigenden Gestik dem Spuk ein Ende bereitete.

Zunächst mußten wir uns seelisch und moralisch „sammeln", bevor wir mit der Lampe die Schweißfährte ausgingen und schon nach dreißig Metern einen verendeten Überläuferkeiler fanden. Das mit Gras bewachsene Wasserloch, das ich vor langen Jahren als erste künstliche Suhle ausgehoben hatte, sollte jetzt zum Aufbrechen des Wildes und anschließender Reinigung aller Utensilien dienen.

Inzwischen war es finstere Nacht geworden. Und obwohl die Distanz nur gering war, konnten wir den Waldweg, der sich immer etwas heller gegen den Himmel abhob, nicht finden. Wir hatten den armen Überläuferkeiler, wie sich später herausstellte, zweimal in einer Runde von etwa fünfzig Metern durch die Dickung gezogen und lagen nun beide völlig ausgelaucht neben dem Keilerchen in der Fichtenkultur. Es war bereits kurz vor Mitternacht. Vielleicht befand sich die Bache auf dem Rückwechsel, um zu prüfen, welches Ungeheuer sich ihr gegenübergestellt hatte.

Es herrschte eine märchenhafte Stille um uns, als wir plötzlich schemenhaft Licht auf uns zukommen sahen. Motorengeräusch auf unbefahrbarem Waldweg? Bei uns war doch wohl alles klar im Kopf? Jetzt kam der plötzliche Einfall: Es mußte Harro mit seinem Jeep sein. Wahrscheinlich hatte er den Schuß vernommen. Mit seinen Gedanken schon ganz auf ein gutes „Blondes" im Langenbergsgrund eingestellt, war er jetzt kurz vor dem Verdursten.

Wie ein Panzerspähwagen drang er in die Dickung vor, wir gaben „Laut", die Kommunikation war schnell hergestellt. Wir befanden uns ja nur zwanzig Meter von der Schneise entfernt, wovon wir allerdings bei der Dunkelheit und unserer Verworrenheit durch das Erlebnis mit der Bache nichts ahnten. „Asko", der etwas zappelige, aber brave und treue Jagdhund des Professors (so etwas überträgt sich ja vom Herrn auf seinen Hund), kam als erster bei uns an. Er nahm das Stück für sich in Anspruch und tolerierte uns nur auf größere Distanz. Obwohl der Hund mich gut kannte, fletschte er die Zähne, sobald ich näher herankam. Schnell war ein Seil zur Hand, die Fahrzeugwinde tat gute Dienste.

In der Kellerbar bei einer ausgiebigen Würdigung der Ereignisse fanden wir dann langsam in die Wirklichkeit zurück und stellten einmütig fest: Die 45. Sau war ganz schön aufregend. Ich möchte an dieser Stelle nochmals versichern, daß mir die Erlebnisse aus der Feder fließen, als ob es gestern passiert wäre. Kein Jägerlatein, wie mancher vielleicht glauben könnte, nein „Sauen, Sauen (und nochmals) Sauen", so wie der Titel dieses Buches heißt, spielten halt eine überragende Rolle in meinem Leben.

Das Frühjahr hatte seinen Einzug gehalten, die ersten Saaten auf dem Riepen sahen ganz schön mißhandelt aus. Mit Sondergenehmigung der Unteren Jagdbehörde wurde trotz Schonzeit im April wiederum zwei Überläufer zum Abschuß freigegeben.

Meinen Wagen hatte ich wie immer in Richtung Suhle gelenkt. Hier, am Fernwechsel zu den geschädigten Feldern hatte ich das meiste Waidmannsheil. Am Abend vorher hatte Jürgen auf dem Mittelbrink ein schwaches Stück geschossen, kleine „Nachwehen" waren bei mir noch fühlbar.

Die ominöse 21. Stunde rückte näher, als ich in der Dickung ein Stück Wild heranziehen hörte. Zu 99 Prozent handelte es sich dann immer um Schwarzwild, seltener kam an diesem Ort mal das Damwild, um sich zu suhlen. Es war ein einzelner Überläuferkeiler, nein, der mußte erhalten bleiben. Nach kurzer Zeit erschien eine mittlere Rotte, darunter auch zwei schwache Stücke. Es klappte, das Stück lag am Anschuß. Das Ziel war damit erreicht, diese Rotte würde zunächst dieses Gebiet meiden.

98

Die drei tollen Tage waren ganz schön anstrengend gewesen. Zuerst feierten wir meinen Geburtstag in der Kellerbar, am nächsten Tag gab es bei herrlichem Wetter eine Gartenparty auf der Ranch. Dieser Tag war gleichzeitig verbunden mit einer Probefahrt des neuen Jeeps zum Steinbruch am Scharfenberg. Hier fand Grenzbeziehung statt, eine Feuerwehrkapelle spielte, vor allem aber stand dort ein ziemlich großes Faß Bier, das einfach nicht leer werden wollte. Zwischenzeitlich wurden noch gebratene Hähnchen aus Welsede gereicht.

Am 19. Mai wollten wir uns alle auf Frischlinge ansetzen. Lothar bekam meinen Kaisersitz an der Suhle. Hier hatte er in meiner Anwesenheit seine zwei ersten (wenn auch schwachen) Sauen gestreckt. Harro saß an seiner neuen Suhle am Büsseberg, ich selbst wollte mich nach Böcken umschauen und bezog deshalb die Leiter am Pflanzgarten. Ich wünschte mir, daß Lothar an so exponierter Stelle wie „der Klotzschen Suhle" zu Schuß käme. Ich stand noch in seiner Schuld, hatte ich doch über Jahre hinweg in seinem schönen Revier Kreipke brave Böcke zur Strecke bringen dürfen. Es war ein lauer, windstiller Maiabend. Ohne jede Voranmeldung präsentierte sich mir auf dem Grasweg ein starkes Stück Schwarzwild. Es präsentierte sich im wahrsten Sinne des Wortes scheibenbreit auf 60 Meter Entfernung.

Ich hatte doch gar nicht die Absicht, eine Sau zu schießen, dazu war das Stück während der Schonzeit viel zu schwer. Gott sei Dank, es trollte an den Maschendrahtzaun, und aus fünfzehn Metern konnte ich genau beobachten, wie der starke Keiler ganz leise den Draht auf 60 Zentimeter anhob und im Pflanzgarten verschwand. Von einem Bock dagegen war nichts zu sehen. Langsam gewann die Dämmerung überhand, als, von hinten kommend, zwei schwache Überläufer meine Leiter ansteuerten. Sie kamen aus Lothars Richtung, ob er sie verbaselt hatte? Sicherlich würden sie wie der alte Basse ebenfalls in der Dickung verschwinden. Nein, so ging das ja auch nicht. Das schwächste Stück erhielt die Kugel und lag am Anschuß. Als die beiden Saujäger eintrafen, hatte ich die Sau schon zum Transport fertig. Wir luden sie auf Harros Jeep. Da solche Arbeit sehr durstig macht, steuerten wir das Gefährt zielsicher nach Welsede ins Deutsche Haus. Irgendwie verlief sich alles im Laufe des

Abends wieder in Richtung Heimat, diesmal in die Kellerbar meines Nachbarn.

Aus heutiger Sicht betrachtet: Wie gut, daß wir in unseren besten Jahren, so zwischen Dreißig und Vierzig, das Jägerleben voll ausgekostet haben. Heute spielt bei den meisten die Gesundheit nicht mehr so richtig mit, und außerdem baumt man nach zwei Ansitzstunden gern wieder ab, weil es hier zwickt und da zwackt.

11. August 1975, eine meiner heißesten Jagdnächte, das Thermometer zeigte noch um 20 Uhr 26 Grad plus an. Die Suhle führte seit Tagen kein Wasser mehr. Bauer Schrell hatte das Sauenloch wieder mit edlem Emmerwasser nachgefüllt. Jetzt hieß es Ansitzen. Um 21.30 Uhr platschte es in der äußersten Spitze der Suhle, nahe dem alten Malbaum. Vor Lust grunzend und Freudentöne hervorbringend, aalte sich ein Überläufer im edlen Naß. Es war lustig mit anzusehen, wie das Stück ganz vorsichtig bis zum Hals in das Wasser stieg. Es versuchte sogar, darin zu schwimmen.

In diesem Zusammenhang ganz kurz folgende Begebenheit: Während einer Drückjagd im Ith bei Coppenbrügge war ein Keiler beschossen worden. In seiner Not nahm er einen Fernwechsel an, der Richtung Weser (bei Grohnde) führte. Er entschwand den Augen der Jäger, und man glaubte, daß er einen größeren Bogen geschlagen habe und in seinen Einstand zurückgewechselt sei. Das Stück wurde vormittags gegen 11.30 Uhr beschossen. Nachmittags um 16 Uhr schaute rein zufällig eine Hausgehilfin auf einem Bauernhof in Grohnde, also auf der anderen Seite der Weser, aus dem Fenster und sah voller Erstaunen ein Stück Schwarzwild auf den Hof wechseln. Mit einiger List gelang es ihr, das Hoftor zu schließen, und der Keiler verlief sich in den Stallungen. Hier konnte es von dem zuständigen Jagdausübungsbrechtigten zur Strecke gebracht werden. Man wurde fündig, der Sauwechsel durch die Weser verlief etwa dreihundert Meter oberhalb des Gutes. Diese Entfernung war das kranke Stück abgetrieben worden.

Doch nun wieder zur Suhle. Zu dem einen badenden Stück gesellten sich noch weitere fünf Überläufer, also ein sogenannter Junggesellenclub. Das Licht wurde schlechter, wann würden sie wohl „die Badewanne" verlassen? Jetzt stand ein Stück am Rand der Suhle, schüttelte sich und erhielt die tödliche Kugel. Immerhin ein frisch gebadetes Schwein (ich weiß, daß dieser Ausdruck erst für ältere Stücke gilt) brachte man nicht alle Tage mit nach Hause.

Der Sommer ging wie immer zu schnell dahin, mit Sturm hatte der November seinen Einzug gehalten. Wir schrieben den 17. November, der Tag, an dem meine 50. Sau zur Strecke kommen sollte. Es sollte natürlich möglichst ein „Hauptschwein" sein. Der Mensch denkt – Gott lenkt. Wir hatten Dreiviertel-Mond, teilweise bedeckten Himmel und Nebel. Dazu setzte die Rauschzeit ein, also richtiges Sauwetter!

Um 19.45 Uhr hatte sich mich eingerichtet. Wo? Natürlich Stammplatz Suhle, wo auch sonst. Ich saß noch gar nicht lange, da wechselte ein Schmaltier heran, mit leisem Anpfiff verscheuchte ich es. Der Wind stand gut. Eine halbe Stunde später hörte ich mit lautem Getöse eine Rotte im Anmarsch. Alles geschah auf einer kleinen Schluppe links hinter mir. Vorsichtig rollte ich die Plane der Schießscharte hoch und äugte um die Ecke. Was sah ich da? Auf keine fünfzehn Meter stand ein „Klavier" von Sau laut blasend hinter dem Hochsitz. Ich bin Linksschütze und konnte unter keinen Umständen dorthin langen.

Ich dachte mit Freuden an meinen Vater, der mich als Sechsjährigen mit dem Rücken an den Gartenzaun stellte und mir zum erstenmal eine Flinte in die Hand drückte, wahrscheinlich aus Versehen, aber in die linke Hand. Ich erinnere mich noch genau, wie ich dann auf ein großes Zeitungsblatt am Holzstall des Forsthauses schoß. Es entstanden folgende Schäden: Trotz Anlehnung an den Zaun ein Zusammenbruch nach „unten", dazu ein blauschwarz verfärbtes Brustbein. Ich habe aus diesen Schmerzen viel gelernt, nur geblieben ist der Linksanschlag. Dies ging mir alles blitzschnell durch den Kopf, änderte aber nichts daran, der starke Keiler war so nicht zu bekommen. Doch wie ging es weiter? Eine starke Rotte gesellte sich hinzu, ich zählte überschlägig 19 Stück. Der arme Keiler, während der Rauschzeit hatte er ein aufreibendes Amt zu erfüllen, das große Angebot richtig zu differenzieren und sich dann aber auch nicht zu übernehmen. Ich jedenfalls war sauer, alles mitansehen zu müssen.

Merkwürdig, da vor mir in der Suhle bewegte sich doch etwas? Ja, ein Stück Schwarzwild. Das konnte der Herr und Gebieter sein. Inzwischen war das Licht schlechter geworden, zu geringe Ausdauer auf meiner Seite, Schuß, und das Stück war verschwunden. Die hinter mir stehende Rotte verhoffte regungslos und wurde nicht flüchtig. Ich habe es des öfteren erlebt, daß Sauen Schüsse gar nicht wahrnahmen, weil sie nicht genau orten können, wo der Knall herkommt. Jetzt, als ich abbaumte, war der ganze Spuk natürlich verschwunden.

Am Anschluß fand ich keinen Schweiß, ein schlechtes Omen. Nuschka, meine Rauhhaarhündin, lag stramm im Riemen und verwies schon nach fünf Metern den ersten Schweiß. Die Schweißfährte verlief im Zickzack, ein gutes Zeichen, das Stück war schwerkrank. Auf dem Boden liegend verweilte ich etwa zwanzig Minuten, um die Sau nicht aufzumüden. Der Hund machte Schwierigkeiten, sein Temperament ließ sich nicht bändigen. Nun ging es weiter.

Hubertus sei Dank, da lag sie schon: die 50. Ja aber es war nichts mit dem Lebenskeiler. Schade, ein dreijähriger Keiler war irrtümlich zur Strecke gekommen. Das Klavier mit der Rotte hinterm Hochsitz hatte ihn, den schwächeren, offensichtlich abgeschlagen. Seine reichliche Körpermasse (aufgebrochen 85 kg) hatte mich getäuscht.

Ich habe des öfteren erlebt, auch auf Drückjagden, daß Schwarzwild vom Gewicht und seiner Größe her schwer ansprechbar ist. Die wichtigsten Hinweise sind aus seinem Verhalten und Habitus abzulesen (nach hinten flach abfallend, die ganze Masse vorn, ähnlich wie wir es beim Rotwild kennen). Mein ältester Keiler (fünf- bis sechsjährig) wog beispielsweise aufgebrochen nach der Rauschzeit 65 Kilo. Während der Rausche verlieren die Keiler etwa 30 Prozent ihres Gewichtes. Eigentlich eine anzustrebende Art der Betätigung für uns Jäger, die wir schon reichlich Feist angesetzt haben, den wir mit vielen Qualen immer (natürlich ohne Abstinenz auf Bier) abzuspecken versuchen.

Zurück zur 50. Sau, sie war verendet und ich völlig ratlos, wo ich mich wohl in dieser dunklen Dickung der Abteilung 13 befand. Meine Lampe hatte mal wieder ihren Geist aufgegeben, mir kam dafür Gott sei Dank eine Erleuchtung: Den Hund band ich bei dem Stück an ein Fichte. Ich schlug mich durch Auslegen von Fichtenzweigen Richtung Osten durch und erreichte nach dreißig Minuten eine Schneise. Meine am Hochsitz zurückgelassenen Utensilien nahm ich mit zum Auto am Pflanzgarten.

Ich fuhr zu Harros Suhle und pfiff ihn vorsichtig vom Hochsitz. Meinen Schuß hatte er gehört, und schnell waren wir mit seinem Panzerwagen (der die meiste Zeit zur Reparatur in der Werkstätte stand) an der Schneise. Bei diesem Auto handelte es sich im übrigen um einen Original US-Jeep, den die amerikanischen Truppen beim Vormarsch benutzt hatten. Dieses Ungeheuer hatte ich aus dem Westerwald besorgt. Die Schneise war lang, es ging bergab, jetzt fanden wir den von mir hinterlegten Fichtenzweig, und ehe wir überhaupt weiterdenken konnten, sprang der schnelle Asko vom Jeep und war in der Dickung verschwunden. Nase hatte er, das mußte man ihm lassen. Nach wenigen Minuten vernahmen wir eine böse Beißerei, mein Teckel verteidigte sein Stück Wild. Für unsere Suche ein vorbildlicher akustischer Anhaltspunkt, wo in der Dickung der Keiler lag. Schnell eilten wir zum Kampfplatz. Es war auch allerhöchste Zeit, sonst hätten sich die beiden Hunde zerfleischt. Nuschka hatte die Lederleine durchtrennt, um einen fairen Kampf führen zu können. Für uns wurde es schwierig, die beiden „Sauhunde" auseinander zu bekommen.

Nun begann das Schwerste: Transport des Stückes bergan durch dick und dünn. Ich muß sagen, die Kräfte des Gynäkologen hatte ich bisher unterschätzt. Fast ganz alleine zog er an der Hundeleine die Sau bis zum Jeep. Im Schein seiner Taschenlampe sah ich dem schweißgebadeten Harro aber an, daß ihn das alles überfordert hatte. Um 23 Uhr kamen wir in der Ranch an, unsere Frauen hatten sich dort bereits häuslich niedergelassen und befanden sich schon in angeregter Stimmung. Wir fanden bald Anschluß.

Die Party zur 50. Sau

Der Buß- und Bettag – zwei Tage danach – war bestens geeignet, um nun in Würde und Dank an Hubertus zusammen mit allen Jagdfreunden in unserer Kellerbar die fünfzigste Sau endgültig totzutrinken. Zunächst dachten wir nur an eine Männerparty mit Harro, Lothar, Gerd und Jörg, und zu aller Überraschung hatte Viktor in Welsede auch einen starken Keiler geschossen.

Wie sagt man in der Waidmannssprache: Wir hatten uns alle in den Kessel eingeschoben und fühlten uns sauwohl. Die Stunden vergingen wie im Fluge, so daß es den Ehefrauen langsam merkwürdig vorkam. Also kehrten sie mit ihrer Kinderschar nach und nach alle bei uns ein. Da kam Leben in die Bude! Ich bewundere noch heute meine liebe Frau, wie sie trotz dieses Tohuwabohu alles fest im Griff hatte. Wir hatten uns zu einer großen „Rotte" aus verschiedenen Familienverbänden vereinigt, und alle hatten ihren Spaß daran. Kindertänze von der Bodentreppe bis zum Keller. Jörg blies zum 10. Mal „Sau tot", und die Hunde unterlegten diese Töne mit lautem „Geheule". Es war einfach unbeschreiblich. Aber flexibel wie man damals noch war, überstanden wir auch dieses schöne Ereignis…

Ja, Jägerfrauen haben es nicht leicht, das ganze Haus bot am Morgen danach den Anblick eines Schlachtfeldes. Bei solcher Ausgelassenheit läßt sich Flurschaden gar nicht vermeiden. Die Schweinerei hatte erst ein Ende, als ich das Stück aus der Schwarte geschlagen und portioniert eingefroren hatte. Jetzt erst kehrte endlich Ruhe ein.

Durch meinen Rundholz-Einkauf unterhielt ich guten Kontakt zu allen Forstämtern und wurde auch oft zu Drückjagden eingeladen. Dieses Mal galt die Jagd dem Schwarzwild im Staatsforst Hessisch-Oldendof (Revierförsterei Gellersen, Revier Riepen), das unter Leitung von Jörg direkt hinter meiner Suhle begann. Ich hatte nur gebetet, daß „meine Sauen" heute nicht zu Hause waren.

Jörg übergab mir eine Truppe Jäger, die ich an der Grenze zu unserer Jagd abstellte. Ich selbst saß bei hohem Schnee auf meinem

Vorweg die dicke Bache (schonen!), danach die Frischlinge: Ihnen sollte die ganze jägerische Aufmerksamkeit gelten.

In stillen Ecken sind die Sauen tagaktiv. Dieser Hochsitz wäre die richtige Wahl gewesen.

Eine künstlich angelegte Suhle im Wald. Die mit Holzteer bestrichenen Stämme sind als Malbäume besonders beliebt.

Ein paar Leckerbissen zur Kirrung. Hier ist am ehesten ein selektiver Abschuß möglich.

Sitzstock etwa 200 Meter von der besagten „Klotzschen Suhle" entfernt. Weit weg vernahm ich mehrere Schüsse, als ein Ball von Jagdterriern aus der Dickung stürmte, um dann sofort wieder umzukehren. Ruhe trat wieder ein.

Was sah ich da direkt vor mir unter den schneebedeckten Fichtenzweigen? Läufe. Von wem? Hund oder Sau? In der Tat waren es mehrere Überläufer, die schon längere Zeit bei mir Schutz gesucht hatten, die Hunde hatten die Fährten verloren. Ob sie wohl herauskommen würden? Da, jetzt fiel Schnee von den Zweigen, und auf fünf Meter Distanz überfiel eine Überläuferrotte den Waldweg, ohne daß sich nur irgendeine Möglichkeit zum Schuß bot. Hier hätte es eventuell mit der Saufeder geklappt. Es spielte sich so nah vor mir ab, daß mir der Schnee um die Ohren flog. Ja, Sauen sind clever, vielleicht wußten sie auch, daß man durch so einen plötzlichen Überfall die meisten Schützen außer Gefecht setzen kann. Sie waren gerettet – und ich bald vom Stuhl gefallen. Auf so geringer Entfernung dampfende Sauen im Winterwald sehen zu dürfen, ist schon ein Erlebnis, das nur wenigen vergönnt wird.

Es kamen bei der Drückjagd vier Sauen zur Strecke, Gott sei Dank alles Stücke unter 35 Kilogramm aufgebrochen. Ein starker Keiler, der bekannt und ausdrücklich freigegeben war, funkte mein Nachbar, ein englischer Verbindungsoffizier, vorbei. Vielleicht war es Gustav gewesen, und er kommt mir dafür mal auf dem Ansitz, dachte ich.

In dem Zusammenhang fiel mir mein erstes Erlebnis mit Sauen und Jagdschein ein. Ich benutzte diese Schilderung auch gerne in Referaten vor Jungjägern, um ihnen das Sozialverhalten unseres Schwarzwildes etwas näher zu bringen.

Auf dem Mittelbrink, nicht weit von der Staatsforstgrenze, verlief ein Zwangswechsel durch ein Gatter, das mit Sauklappen bestückt war. Ich hatte gerade meinen ersten Jahresjagdschein gelöst und saß auf einer unbequemen Leiter im Buchenaltholz. Der Ansitz galt eigentlich meinem ersten schwachen Bock. Es dämmerte zusehens, als ich von der Grenze her Geräusche vernahm. Ein leises „Quiek" signalisierte mir: Sauen. In dem trockenen Laub kamen die Geräusche immer näher, und ich erkannte ein einzelnes schwaches Stück. Eigentlich könnte man es trotz Schonzeit zur Strecke bringen.

Ich nahm meine Büchse in Anschlag und versuchte auch, einen Schuß anzubringen. Ein leises Wuff, und das Stück war an meiner Kanzel vorbei Richtung Feld entschwunden. Aber da blieben immer noch Geräusche. Mit viel Anstrengung machte ich schließlich mit dem Fernglas drei Frischlinge aus, noch laubbraun gestreift. Die Bache hatte im Buchenbestand ihre Frischlinge abgelegt. Flach an den Boden gedrückt, wie ein Hase in der Sasse, lagen sie ruhig da. Mit circa drei Wochen Alter artige und gut erzogene Kinder.

Ich blieb trotz Dunkelheit sitzen, um abzuwarten, was nun weiter passieren würde. Nach einer Stunde kam die Bache vom Feld zurück, begrüßte ihre Zöglinge, wahrscheinlich lobte sie die Kleinen für ihr vorbildliches Verhalten. Daß die Wildschweine wirklich über eine eigene Sprache verfügen, ist ja durch die Veröffentlichungen von Dr. Heinz Meynhardt sehr klar herausgearbeitet worden. Nach den zu vernehmenden Geräuschen saugten jetzt die Frischlinge an den Zitzen ihrer Mutter. Es dauerte noch eine halbe Stunde, bis sie sich wieder in das Gatter zurückzogen.

Einzeln gehende Stücke sollten wirklich mit allergrößter Vorsicht behandelt werden, es sind meistens Bachen oder angehende mittelalte Keiler. Ich hatte ja nun gehört, daß die Bache zum Feld gezogen war. Am nächsten Morgen benachrichtigte ich meinen Jagdnachbarn, den Feldpächter, und erzählte ihm meine Beobachtungen. Ich bat ihn, auf ein einzeln gehendes Stück bitte nicht zu schießen. Selbst wenn die Frischlinge mit ins Feld gezogen wären, hätte er sie im hohen Bewuchs nicht sehen können.

Um bei der Wahrheit zu bleiben, es kam dann so, wie ich es gerade verhindern wollte. Am nächsten Abend saß ich an der gleichen Stelle an und wartete auf meinen Bock. Ich hörte wieder die Sauen, konnte aber nichts sehen, dafür hörte ich einen Schuß im Feld.

Gleich am nächsten Morgen war ich zur Stelle. Entschuldigungen zur Genüge, ja, ein Jagdgast hatte meine am Abend vorher beobachtete Bache erlegt. Nun saß ich ständig auf der bewußten Leiter, ich wollte beobachten, wie die Frischlinge sich jetzt ohne Führung benehmen würden. Mit Jürgen stellte ich einen Trog auf, und wir versuchten, die Waisen mit Kleie und Milch aufzupäppeln. Und es gelang uns tatsächlich, sie kamen regelmäßig zur Fütterung. Nach einigen Wochen waren sie selbständig und hatten sich wahrscheinlich einer Rotte ihres Familienverbandes angeschlossen. Dieses war eine Lehre für mein ganzes weiteres Jägerleben.

Mein Motto heißt immer wieder: Bewirtschaftung statt Bekämpfung unseres Schwarzwildes.

Das Jahr 1976 hatte feuchtfröhlichen Einzug gehalten. Ich hielt mich etwas zurück, gesundheitlich fühlte ich mich nicht ganz wohl. Am 13. Januar war es richtig Winter geworden, reichlich Schnee, dazu ein böser, kalter Ostwind. Genau richtig für die Suhle.

Ich war eigentlich viel zu spät dran, als ich um 20.30 Uhr aufbrach. Kurz überlegte ich: Ob ich bei der hohen Schneelage meinen VW-Variant (Vorderradantrieb) wohl diese Tortur zumuten kann? Im Hohlweg des Langenbergsgrund ging es noch gerade so, jetzt kam eine freie Fläche, hier hatte der Wind meterhohe Schneewehen aufgetürmt. Das war zuviel für mein Gefährt. Der Wagen setzte auf und saß endgültig fest.

Normale Menschen versuchen ja dann, möglichst schnell nach Hause zu kommen, aber sind passionierte Saujäger normal? Ich meine nein, wenn ich an die eigenen Erfahrungen denke. Magnetisch zog es mich in den Wald. Mit Schlafsack und allem übrigen Zubehör stampfte ich nun hangaufwärts zur Suhle. Es schneite ununterbrochen, der starke Wind schüttelte riesige Mengen Schnee von den Bäumen.

Endlich hatte ich meinen Ansitzplatz erreicht. Die Sicht in das bewußte „Loch" war durch schneebedeckte Fichten, die sich unter der starken Last nach unten gebogen hatten, versperrt. Also noch mal runter und Bäumchen schütteln. Irgendwie hat man ja einen 7. Sinn für Sauen, ich meinte, trotz des Unwetters hinter mir schon welche zu hören. In der Spitze der zugefrorenen Suhle stand kurz darauf ein einzelnes starkes Stück. Klotz, laß den Finger gerade, vielleicht ist es eine beschlagene Bache. Was ist nun los? Im Rückwärtsgang schob das Stück sich wieder in die Dickung, und auf der gleichen Stelle erschienen drei schwache Überläufer. Bei diesem Wetter hatte ich Mühe, abwechselnd Fernglas und Zielfernrohr schneefrei zu halten. Bei halbem Mond, bedecktem Himmel und Schneesturm muß erstmal alles zusammenpassen.

Nun tauchten auch noch keine fünfzehn Meter vor meinem Ansitz vier weitere Stücke auf. Jetzt oder nie, der Wind stand stramm von Ost, sie konnten von mir kaum Wittrung bekommen. Schließlich paßte alles zusammen: Im Knall brach das Stück zusammen. Nach kurzer Wartezeit versorgte ich den Frischlingskeiler und zog ihn zum Hochsitz. Dort verblendete ich ihn gegen eventuelles Raubwild und machte mich ohne die Beute auf den Weg zum Auto. Ja, war es überhaupt noch da? Der Schneesturm hatte es völlig zugeblasen, da nützte jetzt auch kein Rückwärtsfahren mehr. Auf Schusters Rappen ging es bei grimmiger Kälte gegen den Wind quer über die Wiesen nach Hause. Es war Mitternacht, als ich meine Frau mit kalten Füßen im warmen Bett überraschte.

Am anderen Morgen bewegte ich meinen Nachbarn L. mitzukommen, um das Stück zu bergen. Albert, unser Sohn, damals gerade acht Jahre alt, nahm seinen Schlitten mit und meinte, hierauf könnten wir die Sau ja dann transportieren. Merkwürdig, den gleichen Einfall hatte auch ich damals bei meinem Vater gehabt. Mit langen Stiefeln quälten wir uns durch den tiefen Schnee Richtung Kanzel. So wie das Auto war ebenfalls auch die Sau fast nicht wiederzufinden. Gut, daß ich sie zur Kanzel gezogen hatte.

Außerdem war sie so stark durchgefroren, daß man sie auch mit den raffiniertesten Tricks einfach nicht auf dem Schlitten befestigen konnte. Ein paar Stricke hatten wir mitgenommen, gut verschnürt versuchten wir, dieses seltsame Gefährt durch den Schnee zu ziehen. Auf der Ebene lief zunächst alles ganz gut, auch wenn es viel Kraft kostete. Nun kamen wir an den Steilhang zum Langenbergsgrund, und das Malheur passierte sofort. Samt Albert und Sau kamen wir ins unaufhaltsame Bergabrennen. Wo ist der Schlitten, wo ist die Sau, wo ist Albert? Einige Male geriet uns das ganze Geschütz außer Kontrolle und kam kopfüber ins Trudeln.

Wir brauchten mehrere harte Arbeitsstunden, um unser Haus zu erreichen. Der eingeschneite VW mußte bis zum nächsten Tage dort stehenbleiben. Ein Bauer aus dem Dorf zog ihn dann mit einem starken Trecker auf die Hauptstraße, er sprang auch sofort an: VW läuft eben immer.

Die Geduldsprobe

Im April 1976 waren mir wegen der erhöhten Wildschäden erneut zwei schwache Überläufer zum Abschuß freigegeben worden. Der durch den Wintersturm auf dem Mittelbrink umgewehte Hochsitz wurde mit dem Trecker wieder provisorisch aufgestellt. Gerade an dieser exponierten Stelle befand sich eine frische Feldeinsaat, die die Sauen schon ganz schön „umgepflügt" hatten.

Eigentlich war die Kanzel noch gar nicht ganz fertig und fest verankert. Es fehlte auch noch das Sitzbrett und die Gewehrauflage, aber der halbe Mond zog mich magnetisch an diesen Platz. Gegen 20 Uhr baumte ich auf, prüfte vorsichtig noch einmal die Leiter, ja, für zwei bis drei Stunden müßte das gehen.

Ganz vorsichtig ließ ich mich auf dem Fußboden nieder, mit leichten Hin- und Her-Bewegungen versuchte ich, die Standfestigkeit zu überprüfen. Also Wind durfte nicht kommen. Aber was war das? Schon jetzt hinter mir vier Frischlinge, keine zwanzig Meter entfernt. Wie sollte ich da zu Schuß kommen? Bewegen konnte ich mich auf dieser Schaukel doch nicht. Not macht bekanntlich erfinderisch, ich legte mich vorsichtig nach hinten herüber und drehte mich von der Rücken- in die Bauchlage. Jetzt lag ich wie auf einen Stück Treibholz mit Blick in Richtung Sauen.

Die Frischlinge waren vollauf mit der Saat beschäftigt, im letzten Herbst hatte hier Mais gestanden. Mein Manöver in luftiger Höhe hatten sie gar nicht mitbekommen. Das leise Knarren der halbfertigen Himmelskanzel hatten sie akzeptiert. Der geringe Wind brachte ihnen keine menschliche Wittrung, und das ist der entscheidende Punkt bei der Saujagd. Bis zu diesem Zeitpunkt hatte ich (außer bei der Jägerprüfung) noch nie im Liegen geschossen, außerdem fehlte jetzt auch eine entsprechende Gewehrauflage. Also mußte das alte Rezept herhalten, einem Arm aufstützen und in Anschlag gehen. Verdammt, war das eine wackelige Sache in den Armgelenken. Jetzt merkte man erst einmal richtig, wie schwer das Gewehr war.

Die Frischlinge hatten sich auf 35 Meter entfernt und hielten schnurgerade die Saatlinien ein, in gleichem Abstand nebeneinander bei gleichem Tempo. Sie nahmen eine interessante Maßarbeit vor, das Unglück für mich wollte nur, daß alle vier mir den Pürzel zeigten und die Saatfurchen noch ein Länge von etwa 100 Metern hatten. Es folgte eine harte Geduldsprobe. Abwarten bis sie am Ende der Einsaat waren, und dann hoffentlich umkehrten, um sich die nächsten vier Reihen vorzunehmen. Es vergingen gut dreißig Minuten, Wolken zogen auf, es würde nicht mehr lange dauern, bis der Mond verschwand und es vielleicht auch noch zu regnen anfing. Meine Stoßgebete fanden offensichtlich Gehör bei den Jagdgöttern.

Die Sauen zogen jetzt noch immer gegen den Wind, würden sie auch die Rückreise in meine Richtung mit dem Wind vornehmen? Sicherlich nicht, die Realität bestätigte das. Am Ende des Feldes angekommen, zogen sie schräg weg über einen dunklen Sturzacker und kamen zunächst so aus meinem Blickfeld. Mehr als dreißig Minuten in der Bauchlage können auch einem abgehärteten Jäger ganz schön in die Knochen gehen. Und jetzt auch noch dieser Mißerfolg. Vorsichtig richtete ich mich auf, das Kreuz tat mir weh. Als ich mich an einen der überstehenden Pfosten anlehnte, traute ich meinen Augen nicht: Gegen den Wind kommend, hatten die Sauen über einen Umweg von wenigstens 500 Metern unter meiner Behausung Stellung bezogen, um zu neuen Taten zu schreiten. Sollte das gleiche Schauspiel jetzt von vorne beginnen? Nein, das würde ich nicht nochmal aushalten. Zwanzig Meter waren sie jetzt wieder genau auf den nächsten vier Reihen Saat in Reih und Glied von mir weggezogen. Ich machte mich fertig auf das schwächste Stück und pfiff kurz. In der Tat, jetzt standen sie alle vier breit. Der Schuß riß eine Sau von den Läufen, die übrigen drei waren wie vom Erdboden verschwunden. Durch den hellen Feuerstrahl kann man meistens nicht verfolgen, wo der Rest der Rotte hingeht. Die Strapazen auf diesem wackeligen Hochsitz hatte ganz schön an den Nerven gezehrt. Das Stück wog aufgebrochen 20 Kilo, wahrscheinlich ein Herbstfrischling.

Der ungeeignete Hochsitz

Die Angst vor größeren Wildschäden im herannahenden Herbst zog mich X-mal zum Eisenbahnerhochsitz auf der Waldau. Zu dem Namen war der Hochsitz gekommen, weil mein Vorgänger auf dieser Kanzel die Sitzbank aus einem Eisenbahnwaggon (III. Klasse) verwendet hatte. Man saß nicht schlecht darauf, nur soweit nach hinten, daß nach vorne schlechte Einsicht auf das Geschehen in unmittelbarer Nähe der Kanzel bestand. Gerade auf die Kanzel zu verlief ein dschungelartiger Graben, der von allen Wildarten gern als Deckung vom Wald zum freien Feld genutzt wurde. Diese besagte Hecke war jedoch nur einzusehen, wenn man mit dem Hintern ganz vorne auf der Kante der Sitzbank saß.

So eine prekäre Stellung hält man nur eine gewisse Zeit aus. Mit dem Glas leuchtete ich den Waldrand ab, in Deckung des Grabens kam ein Fuchs, den ich aber mit der Kugel wegen der schlechten Lichtverhältnisse nicht erreichen konnte. Jetzt nahm ich erst einmal die normale und wesentlich bequemere Sitzstellung ein. Immer wieder rutschte ich nach vorne, um Kontrolle über den Graben zu haben.

Es kam so, wie es nicht schlimmer kommen konnte. Ein einzelnes starkes Stück Schwarzwild überfiel einen schmalen Wiesenstreifen. Aber bis ich meine Büchse in Anschlag hatte, war es im Maisfeld verschwunden. Gäbe es doch nur nicht diese verdammte Sitzbank aus dem Eisenbahnabteil, dann wäre ich sicherlich zu Schuß gekommen. Frustriert nahm ich erst jetzt richtig wahr, daß es sich bei dem Stück um einen sicherlich sechs- bis siebenjährigen Keiler gehandelt hatte. Die kurze gedrungene Form, die Masse nach vorn verlagert, die starke lange Quaste, das mußte ein alter Basse gewesen sein.

Zunächst war er im Mais fast nicht zu hören, sicherlich erforschte er erst einmal vorsichtig, wie er gegen den Wind den Waldrand (dort, wo der Mond einen schwachen Schatten über die Wiese warf) erreichen könnte. Es gab einige bereits geschädigte Freiflächen im Mais, diesen Fehlstellen widmete ich meine ganze Aufmerksamkeit. Lautes Blasen nur etwa 20 Meter vom Ansitz ließ meine Spannung noch steigen.

So ging es dann noch stundenlang, mal war er hier, mal war er da. Oder hatten sich vielleicht noch andere Sauen von der Ostseite dazugesellt? Das konnte eigentlich nicht sein, denn eine Rotte fühlt sich in Deckung ziemlich sicher und ist deshalb auch relativ laut. Schon eine halbe Stunde war jetzt gar nichts mehr zu hören. Zwei Stunden hatte ich mich nun bereits mit dem Gewehr im Anschlag auf die freien Stellen eingerichtet. Jetzt langte es mir, und ich setzte die Büchse ab. Eine Wohltat, jetzt von der Kante der Bank mich nach hinten lehnen zu dürfen. Gibt es eine Vorahnung? Ich rutschte noch einmal kurz nach vorne, letzte Kontrolle mit dem Fernglas. Auf dreißig Meter stand der Keiler scheibenbreit. Jagdfieber kam auf, ein hastiger Griff zur Büchse, doch bevor ich nur den Hauch einer Chance bekam, war die Bühne leer.

Noch lange saß ich und hoffte, die Situation würde sich vielleicht noch einmal wiederholen. Dies war einer der vielen nicht erfolgreichen Ansitze, aber sie gaben immer wieder reichlich Stoff zu Überlegungen, wie man es bei der Jagd auf Sauen besser machen könnte. Es gibt jedoch kein Patentrezept für Erfolg auf Schwarzwild. Sicherlich bringen nur das entsprechende Sitzfleisch und guter Wind die besten Erfolge. Die Eisenbahnerkanzel benutzte ich seit diesem Tag nie mehr.

Auf der Rückseite des Reviers, im Revierteil „Rothenberg", versuchte ich durch Ankirren, die Sauen aus dem Scharfenberg, die immer wieder in den Feldern zu Schaden gingen, zu bejagen. Dort, in der Nähe eines Fernsehumsetzers, bastelte ich mir in eine alte Randfichte eine Leiter, es sollte nur ein Sommersitz werden. Im Winter war dieser Revierteil, der eigentlich nur über die Straße Welsede-Grohnde zur erreichen war, wegen starker Schneeverwehungen fast nie passierbar.

Als die Sauen die Kirrung angenommen hatten – es dauerte immerhin fast ein halbes Jahr –, zog schon der Spätherbst ins Land, es gab bereits verdammt kalte Abende und Nächte. Der erste Schnee fiel auf das Emmerthal, nun blieb mir mit Sack und Pack nur der Fußmarsch Richtung Umsetzer, immer steil bergauf.

Der gekirrte Mais war deutlich immer wieder von Sauen aufgenommen worden. Einmal, es war schon fast finstere Nacht, kam ein starkes Stück herangezogen. Die vorsichtige Gangart und das häufige Stehenbleiben zeigten mir an, daß es sich um einen mißtrauischen Gesellen handeln mußte. Es dauerte lange, bis er endlich heran war, schemenhaft konnte ich ihn ansprechen, an Schießen war gar nicht zu denken.

Obwohl der ausgelegte Mais stets Abnehmer fand, blieb ich ohne Erfolg. Ich kann mir nur denken, daß dem Schwarzwild schon durch die leichtesten Aufwinde auf weite Entfernung meine Witterung zugetragen wurde und die Stücke über Tage den Fraß am geschützten Einstand aufnahmen. Aber wer hat schon die Zeit und kann sich bei Tage auf Sauen ansetzen?

Über zwei Jahre machte ich dieses Spielchen mit, als ich von einem benachbarten Forstbeamten folgendes hörte: „Stell dir vor, du weißt ja, unser Chef ist jagdlich sehr passioniert. Er fährt heute mittag mit dem Wagen den Rundweg am Scharfenberg, da sieht er am unteren Hang (nahe unserer Grenze) ein starkes Stück Schwarzwild. Zufällig hat er die Büchse dabei, das Stück hält aus, anschlagend an einen Baum kann er den Keiler zur Strecke bringen. Schätz mal, wie alt der war." – „Na ja", sage ich am Telefon, „fünf bis sechs Jahre." – „Denkste, er soll mindestens acht Jahre alt sein."

Ja, so trickst unser uriges Schwarzwild die Jäger aus und wird dadurch alt. Nun war ich jedoch stark vergrämt und stellte die Kirrung am Rothenberg ein.

Sauwetter

Zu den seit Tagen anhaltenden Regenfällen mischte sich einen Tag vor Heiligabend auch noch Nebel. Eigentlich sollte man sich einen Glühwein machen. Die Temperaturen lagen um 0 Grad. Da ich aus Tradition heraus nie an Feiertagen die Jagd ausübe, drängte sich mir die Feststellung auf, daß ja nun zum bevorstehenden Weihnachtsfest meine „zweite Braut" und ich einige Zeit abstinent bleiben mußten. Also sagte ich mir: Nutze noch diesen Tag vor Heiligabend, man weiß ja bei Sauen nie, wann es wieder klappt.

Schon am frühen Nachmittag baumte ich an der Suhle auf. Eigentlich eine Zeit, zu der nicht mit Schwarzwild gerechnet werden kann. Aber aus der Praxis ist mir bekannt, daß Sauen bei starken Regenfällen ihren Einstand früh verlassen und herumzigeunern. Ja, so war es denn auch. Ich saß kaum zwanzig Minuten, als es in der bis zum Rand mit Wasser gefüllten Suhle laut planschte. Wer hätte das gedacht, ein schwacher Überläufer schwamm in der kleinen Suhle wie ein Fischotter. Verdammt, wie sollte ich an den herankommen? Es waren ja nur die Rückenborsten sichtbar. Regen, Nebel und dazu noch einbrechende Dunkelheit machten es mir sehr schwer, das Stück ins Zielfernrohr zu bekommen. Jetzt war ein Teil des Vorderblattes für Sekunden sichtbar, da knallte es auch schon. Von einer Sau konnte ich mit dem Fernglas nichts mehr sehen. Aus dem Wasser war sie mit Gewißheit nicht heraus, also konnte sie nur untergegangen sein.

Jetzt keine Zeit verlieren, war mein erster Gedanke, denn wie sollte ich das Stück aus der Suhle bekommen? Es regnete in Strömen. Mit der Taschenlampe suchte ich mir einen langen Stock, um damit das Wasser auf Inhalt von Schwarzwild zu überprüfen. In der Tat, ich berührte etwas Weiches, das konnte nur die Sau sein. Mit dem Stock maß ich den Wasserstand, verglich ihn mit meiner Stiefelhöhe. Oh Schreck, es nutzte alles nichts, es hieß mal wieder: Stiefel und Strümpfe ausziehen, Kniebundhose und Unterhose so hoch wie möglich aufkrempeln.

Gut, daß bei diesem Sauwetter kein Mensch draußen war. Nur wer schon einmal einen Überläufer bei 0 Grad – naß von unten, Regen von oben – geborgen hat, weiß um die Probleme. Ich wünsche es meinem ärgsten Feinde nicht. Durch das Wasser in der Schwarte wog das Stück mehr als das Doppelte. Jedesmal, wenn ich glaubte, jetzt hast du es bald geschafft, rutschte mir das Aas wieder vom Rand der Suhle herunter in das tiefe Wasser. So ging es einige Male, bis es endlich vollbracht war. Ich war genau so dreckig wie die Sau. Alles, außer meiner Büchse, ließ ich liegen und stehen, schleppte mich klitschnaß und verfroren zum Auto und überlegte jetzt, wie ich wohl mit meiner nassen Hose am Hintern am besten hinter das Lenkrad kam. Beim Hinsetzen quatschte es in der Unterhose, ich war eben bis auf die Haut durch. Entsprechend war auch der Empfang zu Hause: Du siehst ja aus wie eine Sau! Wie brachte ich es meiner Frau schonend bei, daß heute, einen Tag vor Heiligabend, eine zweite Sau, dieses mal aber eine Wildsau, ins Haus kam. Ganz vorsichtig versuchte ich meinem edlen „Jägerweib" Waltraud nun klarzumachen, daß dort oben an der Suhle eine wirklich schlammige, dreckige Sau wartete. Zunächst wurde ich, wie übrigens immer in meinem bisherigen Jägerleben, vom Gröbsten gereinigt und mit trockener Wäsche versorgt.

Ich hatte das Stück zwar gelüftet, aber noch nicht aufgebrochen, also es mußte raus: Wir müssen noch einen Überläufer bergen. Oh Himmel, ein erschrockenes Gesicht verriet ihre Gedanken: Das kann doch wohl nicht wahr sein, bei diesem Sauwetter und finsterer Nacht noch zur Suhle? Ich wurde immer kleiner und ließ mir den vernünftigen Vorschlag unterbreiten, das Stück am nächsten Morgen zu holen. Es war nicht das erste Mal, daß meine Frau mir bei jagdlichen Arbeiten helfend zur Seite stand. So zogen wir noch bei etwas Fieselregen am anderen Morgen los.

Am Tatort konnte ich nun bei Tageslicht erst einmal richtig sehen, wie dreckig diese Sau wirklich war. Man konnte sie nicht anfassen. Was nun folgte, ist wohl einmalig in meiner „Sauenkarriere". Es wurde beschlossen, das Stück an Ort und Stelle aufzubrechen und auch aus der Schwarte zu schlagen. Mühsam hängten wir mit vereinten Kräften den Überläufer an eine Fichte. Waltraud hielt fest, und ich entkleidete diesen jungen Keiler in Gottes freier Natur. Wenn man mehr als fünfzig Sauen zerwirkt hat, geht das relativ schnell. Ja, es war schon vorteilhaft, daß der ganze Dreck im Walde bleiben konnte. Das Wildbret kam in eine Wanne, die Schwarte wurde mit allen anderen Resten vergraben. Auf diese Art und Weise wurde der Hausfrieden in etwa gerettet.

Inzwischen war bereits der Mittag des Heiligen Abends angebrochen, und jetzt begann ja für die Hausfrau noch die zeitraubende Arbeit des Enthäutens und Einfrierens. Wie in jedem Jahr kamen die Kinder zu Besuch, so daß noch viel Arbeit zur Gestaltung des Weihnachtsfestes vor uns lag. Ja, man muß sich manchmal wundern, was Frauen alles über sich ergehen lassen müssen und wie sie organisatorisch damit fertig werden.

Waltraud schaffte es jedenfalls vorzüglich, wenige Stunden später stand die ganze Familie am Weihnachtsbaum und sang gemeinsam die schönen alten Weihnachtslieder. Einen Tag vor solchen Festen bin ich jedoch seitdem nie mehr zur Jagd gegangen.

Wir hatten reichlich Schnee und starken Frost. Mein „Inneres" telegrafierte am 23. Januar: Klotz, Du mußt dringend an deine Suhle! Bei 12 Grad Minus, und nach zwei Stunden hatte ich genug vom Ansitz. Die Kälte zog von unten nach oben, ich baumte ab. Am Pflanzgarten stand mein Wagen, jetzt nix wie ab nach Hause.

Ich war vielleicht 100 Meter von der Suhle entfernt, als ich im Harschschnee etwas auf mich zuwechseln hörte. Sofort sprang ich hinter einen Baum und harrte der Dinge, die da wohl in der Finsternis kommen könnten. Nicht zu glauben, drei schwache Sauen zogen direkt auf mich zu. Das Licht war sehr schlecht, sie müßten schon auf zehn Meter herankommen, dann könnte es eventuell glücken. Sie taten mir den Gefallen und fingen an, auf dieser Distanz im Buchenaltholz zu brechen.

Fünf- bis sechsmal mußte ich absetzen, es gelang mir einfach nicht, ein Stück sauber ins Glas zu bekommen. Dann zog ein Stück noch näher heran. Ich war mir meiner Sache sicher und krümmte den Finger. Nach dem Schuß erschien mir die Nacht noch dunkler als vorher. Vorsichtig pirschte ich mit der Büchse im Anschlag in Richtung Anschuß. Wer hätte das gedacht, mit gutem Blattschuß lag dort ein 35 Kilogramm schwerer Überläufer, und den halben Weg bis zu meinem Wagen hatte ich mir auch gespart.

Ich ging am anderen Morgen noch einmal die Fährten aus, um festzustellen, wo die drei Sauen so urplötzlich hergekommen waren.

An meinem abgestellten Pkw waren sie auf drei Meter vorbeigezogen und hatten dort nach Mast gebrochen. Autos werden in der Regel nur von jungen Stücken akzeptiert. Bachen oder ein älterer Keiler sind da schon mißtrauischer.

In diesem Zusammenhang fällt mir folgendes Erlebnis ein: Bei einer Drückjagd im Staatsforst Seesen im Harz wurde schon vor Jagdbeginn angesagt, daß mit Sicherheit eine stärkere Rotte Sauen im Treiben sei. Wie immer im Harz lag hoch Schnee und die Korona war durchsetzt von Prominenz. Ich hatte zu kämpfen, der Truppe zu folgen, erste Herzbeschwerden machten sich bemerkbar. Auf meinem Wunsch hin durfte ich in der Nähe der mindestens dreißig abgestellten Autos meinen Stand einnehmen. Im Stillen dachte ich nur: „Hier stehst Du mit Sicherheit als Parkwächter auf verlorenem Posten." Nach ungefähr einer Stunde fing auch noch in meiner Nähe ein Waldarbeiter mit der Vorbereitung zum Entfachen eines Feuers an, am liebsten hätte ich mich bei dieser Kälte gleich zu ihm gesellt.

Weit in der Ferne fielen die ersten Kugelschüsse, ich konzentrierte mich mehr auf das langsam auflodernde Feuer als auf eventuell anwechselnde Sauen. Und dann geschah es: Wie an einer Perlenschnur kamen von links etwa 20 Sauen auf die Autos zugezogen. Wie sollte ich da zu Schuß kommen? Vielleicht den Pkw des Ministers durch einen Streifschuß in Brand setzen? Einige Zielübungen unternahm ich zwar, es war aber aussichtslos. Der Waldarbeiter am Feuer schrie immer wieder: „Schießen, Schießen!" Was hatte der wohl für eine Vorstellung von den möglicherweise auftretenden Gefahren?

So entkamen sie alle. Als der Spuk vorbei war, wollte ich meine Büchse entladen und – was mußte ich feststellen – sie war gar nicht geladen gewesen. Übrigens kamen bei dieser großen Staatsjagd nur zwei Sauen zur Strecke, erlegt von zwei Eleven beim Durchgehen. Dafür war wenigstens das anschließende Schüsseltreiben exzellent.

Nachahmung von Schwarzwild

Wir sind jetzt wieder im schönen Emmerthal. Jagdfreund Jürgen saß auf dem Mittelbrink, es lag tiefer Schnee, und es war bitterkalt. Gegen 22 Uhr klingelte es an meiner Haustür, ein durchfrorener „Weihnachtsmann" stand vor der Tür: „Mensch, Werner, du mußt mir helfen. Ich habe an der Grenze zum Staatsforst auf ein Stück Schwarzwild geschossen, es ist über die Grenze. Genügend Schweiß ist vorhanden". Mit dem damals zuständigen Forstbeamten Sch. hatten wir ein gutes Verhältnis, es war Wildfolge vereinbart.

Wir hatten fast taghelles Licht, als wir im Krähenmizgrund ankamen. Jürgen hatte auf einen Überläufer aus einer Rotte geschossen, die Fährten zogen sich durch eine Lücke in ein Gatter. Der dicht verschneite Bestand ließ das Ausgehen der Fährte nur schwer zu, nach etwa zweihundert Metern stand die Fährte der beschossenen Sau immer noch bei der Rotte. Das ist ungewöhnlich, denn kranke Stücke sondern sich eigentlich ab.

Wir beschlossen, auf dem festen Weg gegen den Wind der Rotte zu folgen. Jürgen als Spezialist für Geräuschnachahmungen fing plötzlich an, im Schnee mit seinen „Läufen" zu scharren und Stimmen von Sauen nachzuahmen. Was jetzt geschah, würde ich nicht glauben, wenn ich es nicht selbst erlebt hätte.

In einem Buchenstangenholz standen sechs Stück Schwarzwild. Völlig ruhig erwarteten sie uns, die „zwei nachziehenden Keiler". Laut wühlten wir mit unseren Stiefeln im Schnee und gaben Locklaute von uns. Ich hatte den Eindruck, die Rotte wollte uns im Verband aufnehmen. Auf zehn Meter waren wir heran, mit bloßem Auge konnte ich bei einem der Stücke etwas Rotes am Vorderlauf feststellen. Es war das beschossene Stück. Langsam zogen die Schwarzkittel im Bestand weiter, wir im gleichen Tempo mit. Deutlich konnten wir nun beobachten, daß das beschossene Stück in keiner Weise als schwer krank anzusehen war. Es handelte sich nur um einen Streifschuß, der sicherlich bald verheilt sein würde.

Schußwirkungen

Im Mai 1977 ging „Bienenheinrich" mit zum Ansitz. Heinrich war hochinteressiert und konnte vor allen Dingen als einer der wenigen, die ich schon einmal mitgenommen hatte, wirklich ruhig sitzen. Und bei einem drei- bis fünfstündigem Ansitz gehört nun einmal Geduld und Ruhe dazu.

Wir saßen schon früh, erst 19 Uhr, man konnte sich in aller Ruhe erst einmal richtig entspannen. Lange dauerte die Ruhepause und der Abstand vom täglichen Streß aber nicht. Schon um 19.20 Uhr hörte ich ein leises Knacken, ich dachte eher an einen Fuchs als an Sauen zu dieser Abendzeit, als ein einzelnes Stück Schwarzwild die linke schmale Schneise überfiel und kurz am Malbaum stehenblieb. Es rieb sein Haupt an der Fichte und schob sich dann regelrecht im Rückwärtsgang wieder in die Dickung. Ein schwacher Überläuferkeiler? Eine Bache konnte es zu dieser Jahreszeit kaum sein, sie hätte sicherlich ihre Frischlinge dabeigehabt.

Dem Stück schien es einfach noch zu hell. Doch siehe da, es dauerte gar nicht lange, da begab sich der Überläuferkeiler in die hintere Spitze der Suhle und lag nun fest im Schlamm. Man konnte ihm förmlich ansehen, wie wohl ihm dieses Bad tat, wenngleich die Temperaturen ja noch nicht hochsommerlich waren. Wie ich aber schon erwähnte, suhlt Schwarzwild eigentlich zu jeder Jahreszeit. Entsichert und eingestochen befand ich mich mit meiner Mauser 66 in Lauerstellung und wartete auf das Ende des Bades. Jetzt stand er auf, ging zum Rand der Suhle und schüttelte sich so, daß der Schlamm weit ins Gelände spritzte. Na ja, die endgültige Reinigung sollte er eigentlich noch selbst vornehmen, vielleicht auch noch das „Abtrocknen" am Malbaum. Aber dafür blieb jetzt keine Zeit mehr. Das Stück wurde unruhig, irgendwie hatte der Wind geküselt. So schön der Anblick auch war, ich mußte handeln. Nach dem Schuß floh die Sau eine Fichte an, taumelte und war in der Dickung verschwunden. Es herrschte völlige Stille. Das Problem ist ja immer, daß man auf dem mit Fichtennadeln gepolsterten Erdboden einfach keine Geräusche wahrnehmen kann. Heinrich war ganz schön aufgeregt: „Los, laß uns runtergehen!" Nein, dafür war es noch zu früh. Die Dämmerung kam erst viel später, und nach dem Schuß soll man in jedem Fall, auch wenn das Stück am Anschuß liegt, die übliche Pfeifenlänge abwarten. Nach ungefähr zwanzig Minuten baumten wir ab und fanden sofort an der bewußten Fichte viel Schweiß, und schon nach nach zwanzig Metern stießen wir in der Dickung auf das Stück. Es hatte in der Tat einen ausgezeichneten Blattschuß, wie sich nachträglich beim Aufbrechen ergab. Das Herz lag lose im Brustkorb – erstaunlich, daß das Keilerchen trotzdem noch zwanzig Meter gegangen war.

Anläßlich eines Schwarzwildsymposiums an der Justus-Liebig-Universität in Gießen wurde an einem mit vollem „Innenleben" präparierten Keiler demonstriert, wie tief das Herz beim Schwarzwild sitzt. Unsere Ziescheiben auf den stehenden oder laufenden Keiler sind alle nicht wirklichkeitsnah. Der Schuß „mittendrauf" ist auf jeden Fall keine optimale Lösung.

Als Jungjäger fing ich einmal mit dem Teilmantelrundkopf-Geschoß an. Die Wirkung war nicht schlecht, doch wenn die Kugel einen größeren Knochen oder gar das harte Schild traf, gab es nur geringen Ausschuß und wenig Schweiß am Anschuß. Schon nach wenigen Jahren stellte ich mich auf das „TIG" um. Mit dieser Patrone ist es wichtig zu vermeiden, daß die Kugel vor ihrem Ziel irgendwelche Hindernisse durchdringen mußte. Auch die Berührung eines Grashalmes kann schon von ausschlaggebender Bedeutung sein.

Mein Motto heißt immer: Schieße nur, wenn du das Wild genau ansprechen kannst und deiner Sache sicher bist.

Tunlichst habe ich es auch im Felde vermieden, auf Schwarzwild zu schießen, das nicht ganz frei stand. Das erzieht einen selbst zum disziplinierten Jagen und trägt dazu bei, Überraschungen zu vermeiden, wenn man zum Anschuß kommt. Außerdem zerlegte sich das Geschoß im Wildkörper so, daß es auch bei einem etwas schlechteren Schuß (was bei schlechtem Büchsenlicht absolut möglich ist), bei dem das Stück vielleicht noch einige Meter marschierte, eine gute Schweißfährte lieferte. Und wenn man es nicht zu früh anrührt, verblutet das Stück innerlich und verendet kurzfristig. Über die richtige Wahl von Geschoß und Kaliber kann man lange diskutieren. Jede Mutter lobt ihre Butter.

Die jagdliche Persepktive: Meistens sind die Sauen nur als schwarze schemenhafte Schatten auszumachen.

Bei leichteren Nachsuchen hilft ein gut ausgebildeter Hund.

Bei Schnee können die Sauen in großen Waldgebieten gekreist und damit gezielter auf Drückjagden bejagt werden.

Jägerfrühstück am wärmenden Feuer.

124

Nun aber zurück zur Tatzeit. Der Transport erfolgte von der Suhle zum Pflanzgarten, wo mein Wagen stand. Versehen mit den üblichen waidgerechten Brüchen (Inbesitznahme und letzter Bissen) rollte unsere Ladung durch den Büsseberggrund Richtung Heimat. Heinrich ließ es sich nicht nehmen, zunächst zu seiner „Bienenkönigin" zu fahren, auch sie sollte an unserem Waidmannsheil teilhaben. Wie so oft, kam ich dort natürlich so schnell nicht wieder weg. Waltraud wurde gerufen, und in kürzester Zeit hatten wir eine fröhliche Runde zusammen. Nach dem ersten gemeinsamen Erfolg mit Heinrich zog er des öfteren mit auf die Kanzeln.

Schon wenige Tage später saß ich allein an der Suhle. Die Dämmerung fiel sanft über den Wald. Als ich eigentlich schon abbaumen wollte, plätscherte es in der Suhle. Siehe da, drei schwache Frischlinge. Ich wartete zunächst ab, aber von einer Bache keine Spur. Eines dieser Stücke mußte der freien Wildbahn entnommen werden. Die Suhle hatte den Vorteil, daß dort ein selektiver Abschuß möglich war, da man sich das Verhalten der Sauen in Ruhe genau ansehen konnte.

Mit viel Mühe konnte ich auf einen Höpper gut abkommen. Nachdem sich meine Augen, geblendet durch den Feuerstrahl, wieder erholt hatten, sah ich am Anschuß nichts. Ein Griff zur Taschenlampe. Oh weh, dieses Mal hatte ich sie vergessen. Eigentlich das erste Mal, die Taschenlampe gehörte zur näheren Untersuchung das Anschusses immer dazu.

Inzwischen war es finstere Nacht geworden. Ich hatte Last, den Pirschweg zum Wagen zu finden, wenngleich dieser Weg – durch wohl tausendfache Frequentierung – für mich schlafwandlerisch absolviert werden konnte. Zu dieser Zeit hatte ich schon meinen ersten Herzinfarkt erlebt, körperliche Anstrengungen sollten tunlichst vermieden werden. Also gleich zu Heinrich. Der Bienenkönig ging immer früh zu Bett, etwas unsanft klingelte ich ihn aus dem ersten Schlaf. „Was ist los? Sau geschossen?" – „Ja", antwortete ich, und schon stand Heinrich in der Unterhose vor der Tür. „Bring bitte eine Lampe mit, damit wir sie auch finden", rief ich ihm noch zu. Nachdem er an Sauen erst richtig gerochen hatte, war er bald – auch als Nichtjäger – von dieser Wildart so fasziniert, daß er immer abrufbereit zur Stelle war. Schnell hatten wir den Anschuß, den ich

125

vorher durch einen Fichtenzweig markiert hatte, aufgesucht und wurden auch fündig: Zwanzig Meter vom Anschuß lag der Frischling.

Inzwischen hatte ich nach etlichen Voruntersuchungen die Diagnose greifbar, es stand eine Herzbypass-Operation ins Haus. Nach langem Warten wurde der Termin auf den 6. Juli 1977 an der Universitätsklinik Düsseldorf festgelegt. Jegliche Anstrengung vor der Operation sollte tunlichst unterbleiben, somit ruhte im großen und ganzen auch die Jagd auf Schwarzwild. Ich beorderte noch Leute, die am stärksten gefährdeten Feldstücke mit Elektrozäunen zu sichern, die nur richtig aufgestellt auch den entsprechenden Erfolg bringen.

Bedingt durch Diskrepanzen mit einem Jagdpächter wollte ich aber dann doch noch vor der Operation versuchen, im angrenzenden Revier meines Jagdfreundes Harro den alten Bassen Gustav zur Strecke zu bringen. Mit erheblichen Aufwand (Familien Bremer und Klotz) fand eine Großaktion statt. Harro, der Doktor, der immer im entscheidenden Moment durch Funk über die Leitzentrale unseres Hauses vom Hochsitz ins Krankenhaus beordert wurde, hatte mir gestattet, im Birkenloch eine Suhle einrichten zu dürfen. Ein langer Pirschweg mußte angelegt werden, wir bauten die provisorische Leiter in der Fichte als Kanzel aus, stauten Wasser an und vieles mehr. Es war ein herrlicher Tag mit viel Spaß und Picknick im Walde.

Es dauerte Monate, bis die Sauen die Suhle angenommen hatten. Während meines Krankenhausaufenthaltes versorgten Waltraud und unser Sohn Albert den künftigen „Tatort" fleißig mit Mais. In Düsseldorf tat der tüchtige Professor Birks sein Bestes. Ich ließ mir von ihm vor der Operation genau demonstrieren, wie er mich, als mittelalten Keiler, aufbrechen würde. Der Professor meinte, so im Detail hätte noch keiner seiner Patienten dieses wissen wollen. Da wir als Jäger auch gut mit dem Messer umgehen können, und das Innenleben (wenn auch nur eines Tieres), genau kennen, interessierte mich seine Arbeitsmethode sehr.

Es war nicht leicht, sich mit der neuen Situation abzufinden. Aber Dank der Hilfe meiner lieben Frau, die täglich am Krankenbett bei mir saß, gewöhnte ich mich an meine neue Lage. Bereits nach Ver-

126

lassen der Intensivstation und Nachlassen meines eigenen Fiebers faßte es mich schon wieder – das andere, das Saufieber. An dieser Stelle darf ich es ruhig einmal sagen, daß es nur wenige Menschen auf dieser Welt gibt, die wie meine liebe Frau, was ich mit tiefer Dankbarkeit aufnahm, in der Lage sind, einen Schwerkranken wieder aufzurichten. Sie hat ein besonderes Gefühl und Verständnis für einen hilflosen Menschen. Nach einigen Monaten der Rehabilitation hatte ich wieder etwas Mut und Kraft gesammelt und wagte mich vorsichtig an die neue Suhle im Birkenloch. Waltraud trug mir die schweren Utensilien, fuhr mich dort hin, vielleicht hatte ich Glück. Gegen 20.45 Uhr machte ich am Dickungsrand drei Frischlinge aus. Sie sprangen übermütig ins Wasser, so daß es laut platschte. Einen Höpper konnte ich mit viel Ausdauer erwischen. Na ja, dachte ich, Klotz, es klappt noch.

Es bedeutete einen neuen Lebensanfang und den Beginn einer noch intensiveren Beobachtung unseres so ritterlichen Schwarzwildes. Natürlich geisterte Gustav noch immer durch meine Jägerträume. Hier am Hang hatte Harro eine vorbildliche Kanzel aufgestellt. Der Revierteil war bisher etwas vernachlässigt worden, mal sehen, was sich da so alles ergeben würde.

Im August 1978 bestieg ich mit Heinrich diesen neuen Ansitz. Geschlossene Kanzeln haben sicherlich bei zunehmenden Zurücksetzen des Jägers ihre Vorteile, aber es wurde für uns beide verdammt eng in dieser Kiste, dafür aber schön warm. Es herrschte Windstille, also hatten wir alle Fenster geöffnet.

Die Dämmerung wollte hereinbrechen, als am Hang ein Fuchs schnürte. Wegen der aktuellen Tollwutgefahr hätte man ihn eigentlich schießen müssen, aber alles ging zu schnell. In diesem speziellen Falle galt der Ansitz ja auch vorrangig Gustav, meiner 60. Sau. Es war also erhöhte Aufmerksamkeit und Ruhe geboten. Jetzt, auf dem gleichen Wechsel ein leises Knacken, und den Anblick, den wir jetzt hatten, kann man mit Worten fast nicht ausdrücken. „Er" kam, langsam den Wind prüfend, auf der Spur des Fuchses, denn diese war für ihn eine Art Versicherung. Ein „Klotz" von Keiler, vorne recht hoch, nach hinten abfallend, die Masse des Körpergewichtes vorne, ja ein Urian oder, wie auch gerne gesagt wird, ein „Klavier".

Ich hatte nur eine kleine Schußschneise, und vor lauter Aufregung wurde ich auf dieser nicht fertig. Es beutelte mich das Jagdfieber. Jetzt mußte er eigentlich auf der linken Seite der Kanzel bei Heinrich kommen, oder war er nach unten hangabwärts gezogen? Ich merkte, wie Heinrich zu zittern anfing. Vorsichtig schob ich meine Mauser durch das Fenster, an dem er saß. Das Schloß der Büchse war genau neben seinem rechten Ohr. Umsetzen in der Kanzel war wegen der Gefahr der daraus resultierenden Geräusche zu risikoreich, es blieb mir keine andere Möglichkeit der Schußabgabe.

Wer hätte das gedacht, nach wenigen Minuten kam der Keiler genau spitz auf die Kanzel zugezogen, stand etwa zwanzig Meter neben dem Hochsitz und windete mit dem Haupt nach oben. Das Jagdfieber hatte sich halbwegs gelegt, Sein oder Nichtsein lautete hier die Frage. Das Licht reichte gerade noch aus, dann war der Schuß raus. Durch das Mündungsfeuer war die Fluchtrichtung nicht auszumachen. Heinrich hatte natürlich in seiner Stellung auch nichts gesehen, aber dafür um so deutlicher den Knall vernommen. Ich hatte schon Sorge, ob ihm nicht das Trommelfell geplatzt sei. Ich sprach ihn an. Ja, er reagierte, etwas schwerhörig war er ja schon immer. Er hatte es überlebt – und der Keiler?

Es kam so, wie es schlimmer nicht kommen konnte. Man stelle sich bitte einen ohne Verjüngung bewachsenen Buchenholzbestand vor, absolut flaches Gelände, etwas abfallend. Am Anschuß ergab das Ausleuchten mit der Taschenlampe ein negatives Ergebnis. Ja, man hätte ihn doch in solch einem Gelände auf weite Entfernung liegen sehen müssen? Von der Sau – und gar solch einem gewaltigen Klumpen – keine Spur. Die Temperaturen in der Nacht lagen recht hoch, die Gefahr des Verhitzens war also groß. Nein, er konnte einfach nicht weg sein. Ich war gut abgekommen und meiner Sache sicher gewesen.

Am nächsten Morgen suchte ich mit Heinrich den ganzen sehr übersichtlichen Bestand ab, es war nicht zu glauben: ohne Erfolg. Ich konnte mich von dieser Enttäuschung gar nicht wieder erholen, als folgendes passierte: Vier Tage hatte ich jetzt wieder auf der Kanzel gesessen, um Klarheit zu bekommen, ob das starke Stück noch lebte. Eigentlich wahnsinnig, denn welcher alte Keiler würde nach so einer Nachsuche noch diesen alten Wechsel annehmen. Aber der

Mensch denkt, und Gott lenkt. Immerhin hatte ich an diesen Abenden Sauen gehört. Nach dem Getöse, das sie mitten in der Nacht verbreiteten, mußte es sich um Bachen mit Frischlingen handeln. Fünf Tage nach dem Schuß auf das Klavier befuhr ich mit einem Jeep den Tatort. Nochmals gesagt, eine gerade Waldfläche, kein Strauch, kein Baumstubben. Jetzt aus der höheren Sitzlage erblickte ich etwas Schwarzes. Träumte ich? Nein, dort lag der Keiler! Auf der Fläche gab es einen einzigen kleinen Graben, den man aber nicht einsehen konnte, darin war er zusammengebrochen. Sofort fuhr ich aufgeregt nach Hause, holte Waltraud und Heinrich mit Frau. Nun standen sie alle herum um diesen gewaltigen Keiler, während ich in meiner Aufgeregtheit versuchte, das Stück aufzubrechen. Man kann sich gut vorstellen, welchen Abstand die ganze Gesellschaft suchte, als ich das Messer angesetzt hatte. Der Gestank, der mit entgegenschlug, war wirklich kaum auszuhalten, selbst wenn man als Jäger schon einiges gewöhnt ist.

Ich bin in diesen Dingen bestimmt nicht empfindlich, aber dieses überstieg doch alles bisher Dagewesene. Aber komme es, wie es wolle, das Haupt mußte ich abschärfen, wenngleich Gustav mir nicht die Freude bereitet hatte, ganz zu meiner Beute zu werden. Ja, so ist es mit der Jagd. Im Nachhinein machte ich mir natürlich große Vorwürfe, keinen Hund geholt zu haben. Mit viel Mühe, er wog sicherlich 120 Kilogramm, zogen wir die „Restsau" in eine nahegelegene Dickung, als Fraß für Füchse und seine Artgenossen. Das Haupt mit den starken Waffen mußte trotz Gestank mit nach Hause und in den Kochtopf, um die Gewehre ernten zu können.

Durch Verlegung unseres Wohnsitzes von Niedersachsen zurück in unsere Jugendheimat nach Bad Driburg im schönen Eggegebirge waren nun auch die Jagdmöglichkeiten nach zwanzig Jahren zunächst zu Ende. Noch viele jagdliche Erinnerungen wären zu berichten, aber einige Dinge behält selbst der offenste Mensch für sich.

Von meinem Freund Harro werde ich noch jedes Jahr zur Drückjagd auf Schwarzwild in sein schönes Hämelschenburger Revier eingeladen. Er, als Vorsitzender der Schwarzwildhegegemeinschaft Hameln-Pyrmont, gibt nur Frischlinge zum Abschuß frei, sie müssen noch bräunlich gefärbt sein. Wenn man die alten Haudegen jedes Jahr meistens nur einmal sieht, kann man deutlicher feststellen, daß auch sie, die ehemals angehenden Keiler, „hauende Schweine" geworden sind. Einige wanderten auch schon in die Ewigen Jagdgründe ab.

Mein guter Kontakt zu Harro, der seinerzeit unter meiner Anleitung an der „Klotzschen Suhle" seine erste Sau erlegte, gibt uns beiden immer wieder neue Kraft, die Bewirtschaftung und nicht die Bekämpfung unseres so edlen Schwarzwildes zu manifestieren. Es war auch dort ein dornenreicher Weg, die Jäger für diese gute Sache zu gewinnen. Immerhin hat der Vorsitzende der Hegegemeinschaft als Lohn für seine mühevolle Kleinstarbeit im Jahre 1985 selbst in seinem Revier einen Erntekeiler von beachtlicher Stärke zur Strecke bringen können. Ob sein treuer Wildmeister Wilhelm ihm den „alten Bassen" angebunden hatte? Das Talent dafür hat er.

Nach 22 Jahren zurück in die Jugendheimat

Und irgendwie scheint immer wieder die Sonne. Nach vielen Anstrengungen zwar in der alten, aber in den 22 Jahren unserer Abwesenheit stark veränderten Heimat Bad Driburg, war es für die ganze Familie eine schwierige Umstellung. Die Landschaft hatte sich
verändert, und aus den Jugendfreunden waren gestandene Männer
geworden.

Seinerzeit noch ohne Jagdschein, auf der Pirsch nach jungen Mäd-
chen, hatten viele von ihnen die Jägerprüfung abgelegt, um ihrer
schon in der Jugend stark ausgeprägten jagdlichen Passion genügend nachzugehen. An Jagdgelegenheit vor Ort fehlte es zunächst,
so wurde erst einmal die jagdliche Verwandschaft abgeklappert.

In der Zeit vom 5. bis 13. Juli 1980 verbrachten wir einen sehr schönen Jagdurlaub im Vogelsberg bei meinem Vetter Heinz und seiner
lieben Frau Marlies. Heinz hatte uns seine herrliche Jagdhütte „Im
roten Grund" zur Verfügung gestellt. Die Behausung befand sich
direkt neben einem sauberen Gebirgsbach in einem sehr schönen
Wiesental, eingerahmt von Mischwäldern. Gemütliche Abende
verlebten wir hier, es gab eigentlich nur eine Schwierigkeit: Bei Re-
genwetter entpuppte sich mein Fahrzeug (Daimler) als das unge-
eigneteste, das man sich überhaupt für die Jagd vorstellen konnte.
Meistens holte uns Heinz deshalb mit seinem geländegängigen Wagen ab. Ob in Deutschland oder anderswo, es regnete. Und das seit
Wochen. Ja, eigentlich ideales Sauwetter, bekanntlich sind bei Regen die Sauen in den Dickungen locker.

Mit unserem Sohn Albert saß ich auf einer offenen Leiter an einer
Suhle mitten in einer großen Kieferndickung. Der Wind stand gut,
und so beobachteten wir zunächst einen Kuckuck, Ringeltauben,
eine Türkentaube und ein „Ehepaar Schwarzspecht", das in einem
einzeln stehenden vermoderten Baum seine Jungen fütterte. Um
20 Uhr zog eine alte Ricke auf die Lichtung, in den Kieferndickun-
gen tröpfelte der Regen.

Gegen 20.30 Uhr, bei noch gutem Licht, erschien ein schwaches
Stück Schwarzwild an der Suhle. Merkwürdig, wie es zu dieser Zeit

aussah! Voll in der Winterschwarte, dünn wie ein Brett, irgendetwas stimmte mit dem Stück nicht. Ich wartete zunächst ab, um zu beobachten, ob eventuell andere Stücke folgen würden. Das war nicht der Fall, ein Zeichen dafür, daß das kranke Stück von der Rotte ausgesondert worden war.

Ich hatte mich zum Schuß fertiggemacht. Auf die relativ kurze Distanz war es nicht schwer, den schwachen Kujel zu strecken.

Zunächst am Anschuß Lungenschweiß, wenige Meter weiter lag das undefinierbare Stück Schwarzwild. Übersät mit Ungeziefer, in der Tat wirklich so schmal wie ein Brett. Ich unternahm den Versuch, das Stück aufzubrechen und stellten schon dabei fest, daß das Stück vor längerer Zeit auf kurze Entfernung mit Schrot beschossen war: ein erbärmlicher Anblick.

Um mich selbst zu beruhigen, ging ich davon aus, daß es vielleicht auf einer Drückjagd durch falsches Umstellen eines Drillings oder durch einen Wilderer so verkrüppelt wurde. Mein Vetter Heinz warf es sofort wieder in die Dickung für das Raubzeug.

Am darauffolgenden Dienstag, den 8. Juli, wurde der „kapitale" Abschuß in der Hütte erst einmal begossen. Am Mittwoch schüttete es Regen vom Himmel in einem Maße, daß man bald Angst bekam, wir könnten mit dem Wagen von der Hütte gar nicht wieder wegkommen. Der kleine Bach war zu einem breiten Strom angewachsen. Albert baute mit einigen Brettern eine kleine Brücke, und wir schliefen beim Trommeln des Regens auf das Hüttendach erst einmal unseren leichten Rausch aus.

Am Donnerstag wollte ich es noch einmal auf Sauen versuchen. Bereits um 19 Uhr saß ich mit Albert am jetzt schon bekannten Platz, der Suhle, und harrte der Dinge, die da kommen sollten. Inzwischen waren knapp drei Stunden vergangen, früher, im besten Jägeralter, hielt man es auch fünf bis sechs Stunden auf dem Ansitz aus. Jetzt tat mir vom langen Sitzen der Hintern weh, es war genau 21.50 Uhr, wir baumten leise ab. Zunächst ging ich die steile Leiter herunter und befand mich jetzt ungefähr auf der 15. Sprosse von oben mit Blick in die Suhle. Was sah ich da, es wimmelte von Sauen!

Albert stand mit seinen Füßen oberhalb meines Kopfes, ich faßte ihn am Bein und machte ihm vorsichtig – mit dem Finger auf den Mund zeigend – auf den überraschenden Besuch der Schwarzkittel aufmerksam. Jetzt hieß es, dieser prekären Lage Herr zu werden. Zwei Mann auf der Leiter, ich das Gewehr – Gott sei Dank noch geladen – auf dem Rücken! Die Praxis sieht teilweise eben ganz anders aus. Außerdem ist bei einem unterladenen Repetierer kaum Gefahr gegeben. Nun klemmte ich mich mit den Füßen an den Leitersprossen fest, um die Hände – nur für das leise Repetieren der Büchse – freizubekommen. Eine ganz schön wacklige Geschichte, zudem mußte ich dabei immer noch Albert und die Sauen unter Kontrolle halten. Ich hatte das schlimme Gefühl, das Schwarzwild könnte jeden Augenblick unser Manöver auf der Leiter mitbekommen. Sauen reagieren eigentlich nur auf Wind und metallische Geräusche empfindlich.

Mit viel Artistik hatte ich nun endlich die Büchse auf der Leitersprosse bereit und hoffte nur, daß Albert sich nun gut festhalten würde. Die Auslese war schwer zu treffen, die Masse der Stücke bestand aus Frischlingen mit etwa 30 Kilo Gewicht, dazu Überläufer und auch ein stärkeres Stück, sicherlich die Bache. Aber bei jedem Saujäger facht ja immer der Gedanke auf: da könnte doch ein stärkeres Stück, eventuell ein Keiler, dabei sein.

Und in der Tat sah ich jetzt unter den Kiefernzweigen in der Dikkung ein starkes Stück heranziehen, deutlich erkannte ich das Gewaff, jedenfalls ist das Gebrech weiß gefärbt, es war ja auch schon ziemlich dämmerig. Ja, und nun ging mit mir das Jagdfieber und die Passion durch, dieses Stück sollte es sein und kein anderes. Im Schuß brach es zusammen, und die ganze Bühne war leer.

Ja, und dann hatten wir die Bescherung: Wir kamen zum Stück und stellten mit langem Gesicht fest, es war eine alte Geltbache. Die Zitzen waren nicht mehr angesaugt, also die „Oma" der Rotte. Ich hätte am liebsten die Büchse genommen und sie an einen Baum geschlagen. Bei etwas reiferer Überlegung hätte ich mir – als angeblich erfahrener Saujäger – sagen müssen, daß zu dieser Jahreszeit (Juli) kein starker Keiler bei einer unruhigen Rotte steht. Der einzige Trost: Die Frischlinge hatte ihre Bache behalten. Für mich war es allerdings gegenüber dem Jagdherrn, dem verständnisvollen

133

Heinz, mehr als peinlich. Ich brauchte Wochen, um mich von diesem „Unfall" zu erholen.

Dann haben wir uns bei diesem Sauwetter aus lauter Wut richtig einen genommen, die Wirkung trat noch schneller ein als bei einem glücklichen Jagderfolg.

Neue Jagdmöglichkeiten in der alten Heimat

Im Juni 1981 hatte ich ein einmaliges „Waidmannsglück", aber diesmal in anderer Form, denn schon nach einjährigem Aufenthalt in Bad Driburg erhielt ich eine Jagderlaubnis. Ein alter Schulfreund, H., der wilde Jäger, hatte mir dazu verholfen. Frei wurde die Jagdmöglichkeit im Rauenberg bei Schmechten, nur sieben Kilometer vom Wohnort entfernt. Es handelte sich um eine kleine, aber sehr schöne Waldjagd.

Meine erste Frage: „Gibt es auch Sauen?" – „Ja, was denkst du denn, ich habe jedes Jahr einige geschossen", lautete die beruhigende Antwort. Schon am nächsten Tag zeigte er mir das Revier. H., als passionierter Wildhüter bekannt, wußte, wo jeder Bock seinen Einstand hatte. In einem Eichenaltholz stand eine Kanzel an eine Eiche gezimmert, ich schätzte die schwindelerregende Höhe auf etwa zehn bis zwölf Meter. „Ja, die muß so hoch sein, du weißt doch, der Wind!"

Zwanzig Meter von den Himmelsansitz entfernt, lag eine Suhle, genau an der Stelle, wo durch den dichten Baumkronenbestand noch etwas Licht hindurchfiel und den Wuchs von Gras und Kräutern ermöglichte. Nebenan ein tiefer Graben. „Ja, da kommen die Sauen immer her, ich habe sie oft gesehen." Zudem trug H. eine Prothese und ich konnte mich nur wundern, wie dieser relativ schwere Mann mit voller Bewaffnung früher als Jagdaufseher diese hohe Leiter bestiegen hatte.

Die Suhle war gut angenommen, naja, er hatte auch etwas mit Mais nachgeholfen. Ganz ehrlich gesagt, ein selektiver Abschuß ist so am besten möglich. Wichtig ist es, die Sauen möglichst lange im Wald aufzuhalten, um Wildschäden im Feld weitestgehend zu vermeiden.

Auf der anderen Seite des Revieres, am Metbrunnen, gab es nach Überqueren eines Waldbaches einen Wendeplatz. Und in der Tat, dort stand eine richtige stabile Kanzel. Es fehlte aber noch eine Suhle. Sauen ließen sich im ganzen Revier fährten, aber das angrenzende, etwa 240 Hektar große Staatsrevier, wovon etwa

60 Hektar aus einer bürstendichten Buchenverjüngung bestanden, hielt die Sauen gerne in den dortigen Einständen. Dieses Revier war verpachtet. Die im eigenen Revier befindlichen Dickungen waren schon ziemlich hoch aufgewachsen, es gab allerdings schöne Fichtenhorste in einer Hanglage, gute Einstände für alle Wildarten.

Nun wurde in den nächsten Tagen alles genauestens inspiziert: Wo sind die Fernwechsel der Sauen. Die einzige winterfeste Kanzel am Wendeplatz gab den Anblick von Rehwild, gelegentlich auch Rotwild, Fuchs und Waschbär, es fehlte aber eben eine Suhle. Mit einem schweren Holzrückegerät half mir der zuständige Revierbetreuer eine Suhle auszuheben. Etwa siebzig Meter von der Kanzel entfernt hatte ich eine feuchte Stelle ausfindig gemacht, ja, und es klappte vorzüglich. Wasser in Hülle und Fülle, selbst im trockensten Sommer.

Die Sauen wurden etwas angekirrt, nach wenigen Wochen hatten sie die Suhle angenommen, aber ich wußte nicht, zu welcher Zeit. Selbst längere Ansitze ließen keine Schwarzen in Anblick kommen. Mein Nachbar wollte mir weismachen, die Sauen kämen dort bei Tage. Sicherlich, es war eine ruhige Ecke, und Schwarzwild ist von Haus aus tagaktiv. Das Revier wurde nicht von Spaziergängern frequentiert, die einzige Störquelle waren hin und wieder Reiter und Pilzesucher.

Wie sich herausstellte, hatte das Revier einen Fehler. Man konnte sitzen wo man wollte, bei West- oder Südwestwind versaute man sich den ganzen Ansitz. Und aus dieser Richtung kam die meiste Zeit des Jahres der „Wind".

Ein neues Revier bedeutet auch neue Pläne. Zunächst versuchte ich, wie schon im schönen Emmerthal praktiziert, künstliche Wurfkessel für das Schwarzwild anzulegen. Oberhalb eines Fuchsbaues halfen mir Albert und Antonio. Aus dem nahegelegenen Schmechten konnte ich einen Bauern bewegen, mir diesen künstlichen Wurfkessel mit Original-Schweinemist aus seinem Stall aufzufüllen. Der Ort ließ sich mit dem Trecker nicht erreichen, also erfolgte der Weitertransport des „wohlriechenden Mistes" mit der Schubkarre durch das Stangenholz.

Den Ort hatte ich windgünstig in einer kleinen Fichtendickung ausgesucht. Selbstverständlich hatte ich mich von einem Veterinär

136

über die Qualität des Schweinemistes beraten lassen, um nicht eventuelle Krankheiten von Hausschweinen auf unser edles Schwarzwild zu übertragen. Ich ließ eine Kostprobe untersuchen. Der Bauer durfte das natürlich nicht wissen, welcher Bauer läßt schon etwas auf seinen Mist kommen?

Auf die Nordwestseite des Revieres brachten Albert und Jörg im zeitigen Frühjahr einige Bunde Stroh, um den Bachen beim Zubereiten ihres Wurfkessels etwas behilflich zu sein. Oberstes Gebot war Ruhe in diesem Gebiet, denn keine Wildart nimmt Störungen in seinem Einstand übler als die Sauen. So weit, so gut. Fleißig kirrte ich weiter an der geschlossenen Kanzel an: Fraßaufnahme sehr gut, Anblick gleich Null.

H.'s Himmelsleiter stand etwa 150 Meter südlich, und in der Tat meldete er eines Tages im Mai ganz aufgeregt: „Du glaubst es nicht, ich habe gestern abend zwei Waschbären geschossen und einen Frischling".

Nun hatte ich Mut bekommen, auch mal diese besagte hohe Kanzel zu besetzen. Der Aufstieg schien mir wie gen Himmel – bei leichter Durchbiegung der Leiter und Krächzen der Holme. Endlich war ich oben angekommen, aber was war das? Eine Bretterbude, wie wir sie als Kinder in Bäumen immer gebaut hatten. Es fehlte mir inzwischen schon Fünfzigjährigen der entsprechende Komfort und die Sicherheit. Vorsichtig wollte ich mich auf der provisorischen Sitzbank einschieben, da krachte sie auch schon an einer Seite herunter. Dabei wog ich doch höchstens Zweidrittel von H.

Ich saß nun dort buchstäblich wie „der Affe auf dem Schleifstein", regungslos, um nicht herunterzufallen. Der Mond (mit Hof) stand auf dreiviertel, als sich gegen 23 Uhr ein leichter Wind auftat, der sich in Blitzesschnelle zu einem Sturm entwickelte. Die „Bude" schwankte in der alten Eiche hin und her, woran sollte man sich denn festhalten, es war ja alles lose! Es gab kein Ausharren mehr, ich mußte von diesem Teufelssitz herunter.

Mit allem Gepäck hatte ich die siebte von 36 Sprossen erreicht und stand jetzt mit den Augen in der Höhe, in der die Leiter an der Kiste befestigt sein sollte. Was sehe ich da? Durch den Sturm hatten sich die Nägel herausgerissen, die Leiter rutschte ohne jeden Halt – vom Sturm gerüttelt – nach rechts und nach links. Was konnte noch helfen? Ein Stoßgebet zum inzwischen dunkel verhangenen Himmel. Was sollte ich machen, es ging nicht rauf und auch nicht runter. Bei jeder Bewegung rutschte die Leite zur Seite. Dort war kein Haltepunkt, es bestand also allerbeste Aussicht, daß ich samt Leiter abrutschen würde.

Ich bin von Natur aus nicht ängstlich, bei einem Kampf zwischen einem Keiler und mir hätte ich, wenn auch ungern, mein Jägerleben aufs Spiel gesetzt. Aber von einer so hohen Leite in Jenseits zu fallen, das war mir nicht waidgerecht genug. Der Entschluß stand nach langen Überlegungen fest. Erst einmal vorsichtig zwei Sprossen nach oben. Vorsichtig das Taschentuch hervorzuzaubern und versuchen, den Leiterholm mit dem Tuch festzubinden. das Tuch war verdammt klein, es ließ sich nur ein kleiner schwacher Knoten binden, bei der ersten Bewegung kam schon wieder alles ins Schaukeln und Rutschen.

Ich schloß die Augen, setzte bei jedem Wechsel der Sprosse meine Füße entgegen der jeweiligen Rutschrichtung weit bis an die Holme auf und entstieg vorsichtig der Kanzel mit „aufgestellten Borsten". Tapfer ging es in Richtung Gottes Erdboden. Was sagt man zu solch einem Unternehmen? Die Furcht der Angst muß man sich durch sein eigenes Ich selbst zumuten oder sogar empfehlen. „Drum prüfe, wer sich ewig bindet", in diesem Fall bei langen Ansitzstunden auf Schwarzwild die Ansitzleiter oder die Kanzel.

Für mich war diese Bruchbude gestorben, wenngleich sie bisher der beste Anlaufpunkt der Sauen gewesen war. Kurzfristig ließ ich die Leiter der Kanzel entfernen, bevor noch jemanden ein Unglück passierte. Es mußte an anderer Stelle etwas Neues geschaffen werden. Die alte Kanzel war außerdem im Winter wegen hoher Schneeverwehungen kaum zu erreichen.

Im hohen Altbuchenbestand am Grillplatz stand eine unbequeme Leiter, die keinen Schutz vor Regen oder Schnee und bei dem immer auf diesem Hang liegenden Wind wenig Anblick von Wild bot. Vierhundert Meter entfernt, am „Weißen Kreuz", verlief ein Fernwechsel vom Breitenkamp über den schützenden Donnerberg zum Rauenberg. Manchmal fährtete man im Winter auch mal in Querrichtung einzeln ziehende stärkere Stücke, die aus den Waldungen derer von und zur Mühlen kamen.

An diesem Sauenwechsel-Knotenpunkt wurde nun eine feste Kanzel aufgestellt. Die Sichtscharten rundherum offen, um nicht vom Wild völlig überrascht zu werden. In südlicher Richtung fand ich bald einen Malbaum, eine einzeln stehende, etwa dreißigjährige Fichte. Kontrollen ergaben, daß dieser Malbaum stark frequentiert wurde. Also zogen hier Sauen des öfteren ihre Fährten.

Im ersten Herbst, bei Dreiviertel-Mond, versuchte ich mein Glück, mit viel Hoffnung auf Anblick von Schwarzwild. Ich glaubte, ich saß dort zwanzigmal – von Sauen keine Borste zu sehen. Nachteilig wirkte sich dort immer wieder der Wind aus. Aus Plastikfolie konstruierte ich mir vier (aufrollbare) Rollos. Jetzt hatte ich die Möglichkeit, die jeweilige Windseite mit dieser durchsichtigen Gardine abzudichten, um die Sauen wenigstens etwas vor meiner penetranten Wittrung zu bewahren.

Der Wechsel lief ziemlich konstant – auf etwa fünf Meter Breite – an der Westseite der Kanzel auf dreißig Meter Entfernung. Das Unglück war nur, daß mein Zugang zur Kanzel diesen Wechsel kreuzte. Also, wie schon geraten: Immer brav Gummistiefel angezogen.

So verbrachte ich manche Mondscheinnacht bis vor Mitternacht auf diesem hoffnungsvollen Ansitz. Einige Male glaubte ich, sie gehört zu haben, aber Saujäger kennen das: Wenn man stundenlang keinen Anblick hat, „will man sie einfach kommen hören".

Der erste Anblick

Der zweite Winter zog ins Land, zweimal wöchentlich ließen sich
Sauen fährten. Nach dem Motto, Sauen kann man nur ersitzen, zog
es mich immer wieder zum „Grillplatz". Zu der Bezeichnung sei
gesagt, an einem Waldeinschnitt mit herrlichem Blick auf Schmechten wurde nie gegrillt. Bei meiner ersten Revierbegehung fand ich
dort Reste eines ausgebrannten Feuers. Vielleicht hatten vor längerer Zeit die Waldarbeiter dort einmal ein Päuschen eingelegt. Aber
Jäger sind ja bekanntlich erfinderisch, wenn es um die Benennung
bestimmter prägnanter Punkte oder Kanzeln im Revier geht.
Wie so oft zog es mich bei halbem Mond und etwa zwanzig Zentimetern Schnee magnetisch an diesen Ort. Aufgebaumt war ich gegen 19.30 Uhr, der Wind stand günstig. Nur der Mond wurde durch
fegende Wolken hin und wieder verdeckt. Ja, das sind die Nächte,
wo die schwarzen Gesellen unterwegs sind. Und in der Tat, gegen
23.30 Uhr sah ich lautlos auf dem Fernwechsel eine schwarze Perlenschnur heranziehen. Immer wieder verdeckt durch die Bäume,
versuchte ich, mir aus diesem schier endlosen Faden von Sauen ein
schwaches Stück auszusuchen. Ja, bis Nr. 11 der langgezogenen
Rotte war ich gekommen, als Hubertus mir einen Streich spielte
und den Mond völlig verdecken ließ. Nur schemenhaft konnte ich
den Rest der Großfamilie abzählen, es waren insgesamt einund-
dreißig Stück.
Das sind unvergeßliche Anblicke, bei denen man – bei Abstinenz
auf mittelalte Stücke – dann doch nicht zum Schuß kommt. Und
ganz ehrlich gesagt, ich habe mich gefreut, daß es diese intakte
Großfamilie noch gab. Nun hatte ich die Bestätigung: Die Sauen
kommen hier sehr spät, fast um Mitternacht. Aber sie sind und bleiben unstet. Nur deswegen sind sie nicht auszurotten.
Allerdings kann durch falsche Bejagungsmethoden im Altersklassenaufbau großer Schaden angerichtet werden. Keine Leitbachen
zu schießen, ist Gesetz Nr. 1 für jeden Waidmann. Führungslose
Rottenverbände richten nachweislich die größten Wildschäden im
Felde an. Schon jetzt im Jahre 1982 gründeten wir mit einigen er-

fahrenen Waidgesellen einen Arbeitskreis „Schwarzwildhegegemeinschaft Egge-Ost", der zunächst seine Tätigkeit im Raume Bad
Driburg – Nieheim – Gehrden aufnahm.

Seit zwei Jahren fährtete ich im anderen Revierteil einen stärkeren
Keiler. Seine Trittsiegel und seine Schrittweite ließen auf einen alten „Bassen" schließen. Er schob sich auch hin und wieder auf der
Kuppe des Revieres ein. Dort besteht ein Fernwechsel, an dem
jetzt ein winterfester Hochsitz für „frierende Hauptschweine"
steht. Vorher befand sich an gleicher Stelle eine Leiter mit proviso-
rischer Kanzel, die mit Säcken verhangen war. Angenagelt an eine
längst verfaulte schwache Buche war es dort oben ebenfalls lebens-
gefährlich gewesen.

Alte Jugendfreundschaft

Im Jahre 1984 traf ich meinen alten Jugendfreund Lothar, Studiendirektor seines Zeichens, anläßlich seines 50. Geburtstages wieder. Bald stellte sich heraus, daß auch er wie sein Vater, der „Professor", inzwischen einen Jagdschein besaß. Er war meistens auf Jagdeinladungen angewiesen. Auf Antrag erteilten ihm die staatlichen Forstämter eine Abschußerlaubnis.

Unsere Väter hatten früher das gleiche politische Gesangbuch gehabt, vor allem hatten sie wöchentlich einmal gemeinsam ihren Skat gedroschen. Der Professor war Leiter einer fünfklassigen Volksschule in Siebenstern gewesen. Auch mir hat er die Grundkenntnisse des Lesens und Schreibens und sonstiger Untugenden beigebracht. Damals in den Jahren vor dem Zweiten Weltkrieg wurde ganztägiger Schuldienst praktiziert, und so kam es schon einmal vor, daß wir auch für unseren Professor einen Hochsitz bauen mußten. Wenn er seine kleinkarierte (Pfeffer und Salz) Bridgeshose trug, war meistens Gefahr im Anzuge. Er präsentierte sich dann als englischer Lord mit erhobenem Rohrstock vor der Klasse. Zurück zu seinem ältesten Sohn. Nach den langen Jahren unserer Abwesenheit von Bad Driburg mußte ich feststellen, daß auch er älter geworden war. Ich räumte ihm die Möglichkeit ein, bei mir einen Bock schießen zu dürfen. Ab 16. Mai war er dann auch fleißig draußen und saß nun, es war wohl Ende Mai 1985, auf dem ominösen mit Säcken verhangenen Hochsitz im Eichenaltholz.

Früh am Nachmittag hatte er sich dort eingeschoben. Ganz plötzlich zog Sturm auf, und es folgte ein gewaltiger Regenschauer, bei dem es wie aus Eimern schüttete. Einigermaßen trocken saß er ja, aber was war das? Da kam ihm doch auf dreißig Meter der lange gesuchte starke Keiler vor die Büchse. Es war Schonzeit, und er wußte, daß in meinem Revier dann nur auf Frischlinge bis 25 Kilo Gewicht gejagt werden durfte. Das ungewöhnliche Verhalten war typisch für so einen alten Bassen. Wie wären sie auch sonst so alt geworden? Instinkt, angeborene Schläue, Erfahrung, das waren ihre Überlebensmöglichkeiten.

Ab 1. August kam dann die offizielle Jagdzeit auf Schwarzwild. Er, den wir wieder „Gustav" getauft hatten, zog noch seine Fährte. Lothar saß bei Mond auf der Kanzel am Wendeplatz, an der neu eingerichteten Suhle. Gegen 22 Uhr kam ihm dieser Urian wieder auf gute Schußentfernung. Ich saß derweilen auf dem alten Platz (aber in neuer Kanzel), wo er das erste Mal bei dem starken Regenfall anwechselte.

Wir hatten uns für 23 Uhr verabredet. Außer einem nicht erreichbaren Fuchs hatte ich keinen Anblick, also vorsichtig runter von der Kanzel. Als ich die vierte Leitersprosse bestiegen hatte, blickte ich noch einmal Richtung Malbaum. Was stand dort? Ich sah nur eine hin- und herpendelnde dicke Quaste vor einem dicken „Hintern"! Entschuldigung, aber der Ausdruck paßte zu dieser Situation. Ich, hilflos auf der Leiter stehend, er, Gustav, sich sauwohlfühlend am Malbaum. Die Distanz betrug vierzig Meter, also mußte ich das Risiko eingehen. Ganz vorsichtig krabbelte ich wieder nach oben, kam auch noch auf mein Sitzbrett, aber das war es dann auch. Als ich gerade in Anschlag gehen wollte, trollte er, mit dem Pürzel lustig wedelnd, von dannen.

Gleich nach der Einfahrt ins Revier am Metbrunnen machte der mit Hilfe von unserem Sohn Albert geschaffene kleine Teich, ein reines Feuchtbiotop ohne Fische, mir viel Freude. Verschiedene Wasserpflanzen wurden eingebracht, Frösche und Kröten sind jetzt hier zu Hause. Der Teich lebt.

Mein Gesundheitszustand schwankte sehr, deshalb entschloß ich mich, im Sommer 1985 eine neue winterfeste Kanzel am Fernwechsel zu „Rommenhöllers Tannen" im Eichenaltholz aufstellen zu lassen. Wie immer mit von der Partie war als „Rohbaumeister" Antonio. Er hat Kräfte wie ein Bär, und innerhalb eines Samstages stand das Gerüst für die Kanzel am wohl ausgesuchten Platz. Hubert – ein netter alter Mitarbeiter von mir in den Jahren 1953 – baute mir die doppelwandige Kanzel: Zwischen zwei dicke Spanplatten kam als Dämmstoff Styropor, Außenflächen mit Dachpappe versehen und drei verschließbare Fenster. Das Innenmaß der Kanzel beträgt nur 120 x 120 Zentimeter, die Kanzel wurde in allen Dimensionen meiner Person angepaßt. Platz ist auf diesem Ansitz nur für eine Person. Bei Kälte wird der relativ kleine Raum mit einem Katalyt-

ofen aufgeheizt. Ja, soweit ist es schon gekommen. Mit zunehmen-
dem Alter kamen auch zunehmende Wehwehchen.

Im Winter war die Kanzel am Wendeplatz meistens mit dem Wagen
nicht zu erreichen gewesen. Das Bergansteigen machte mir jedoch
Schwierigkeiten. Mehrmals hatte ich einen Schneepflug eingesetzt, um überhaupt an die Fütterung zu kommen.

Der jetzt beschriebene neue Hochsitz steht etwa 200 Meter von der
Waldeinfahrt entfernt und ist jederzeit ohne große Strapazen zu erreichen. Durch die Bejagung der Revier-Randzonen blieb der
Kern vom Menschen völlig unberührt, eine echte Ruhezone für unser Wild.

In der Nähe der beschriebenen Kanzel gab es eine Feuchtstelle, die
ich mit Nachhilfe zu einer kleinen Suhle ausgebaut hatte. Alte
Hausrezepte und die Schaffung eines Malbaumes mußten herhalten, um den Sauen hier Annehmlichkeiten zu bieten. Etwas weiter
entfernt, zwischen zwei Bergrücken, befand sich eine kleine unbe-
pflanzte Fläche. Nach Rücksprache mit dem zuständigen Forstbeamten, der sich ebenfalls sehr für die Schwarzwildbewirtschaftung
einsetzt, haben wir in diesem Jahr dieses unter Wind liegende Loch
mit Sitka-Fichten zugepflanzt. Es soll eine Kinderstube für unser
Schwarzwild werden. Am gegenüberliegenden Hang haben wir
jetzt noch eine Schweinebucht gebaut, in der Hoffnung, daß dort
mal eine Bache frischt. Oberhalb der jetzt wieder neu benannten
„Klotzschen Suhle" sind wir gerade dabei, einen Wildacker anzulegen. Verbißschäden sollen dadurch gemindert werden. Außerdem
kostet die naheliegende Straße manchem Stück Wild das Leben.

Für mich ist dieses kleine Revier ein „Garten Eden" geworden. Ich
beobachte viele Insekten und Vögel, Dinge, für die ich früher
kaum ein Auge hatte. Der Wechsel der Natur zu den verschiedenen
Jahreszeiten öffnet einem das Herz für das unendlich Schöne. Das
Gewehr nehme ich eigentlich nur zum Ansitz mit.

Selektiver Abschuß beim Schwarzwild, stellt an uns Jäger immer
neue Anforderungen, die wir auch ohne strenge Reglementierung
durch den Gesetzgeber auf freiwilliger Basis lösen können.

Gründung einer Schwarzwild-Hegegemeinschaft

Im Jahre 1982 nahm ich zu der zuständigen Jagdbehörde Kontakt auf, um mir Klarheit zu schaffen über den Istzustand unserer Schwarzwildbestände im Kreis Höxter. Nach den Abschußmeldungen der letzten fünf Jahre erarbeitete ich eine Analyse, die nach eingehender Diskussion dazu führte, daß der Schwarzwildbestand sich vom Altersklassenaufbau her in einem desolaten Zustand befand. Das trifft aber im übrigen nicht nur auf hiesige Verhältnisse zu, in anderen Teilen der Bundesrepublik existieren die gleichen Probleme.

Aufgrund der relativ hohen Populationsdichte, die von Jahr zu Jahr wesentlich schwanken kann, wachsen die Bestände teilweise sehr stark an, so daß die Schäden für die Landwirtschaft nicht mehr tragbar sind. Richtig genommen wäre also eine Abschußplanung, wie wir sie ja bei allen anderen Schalenwildarten praktizieren, notwendig. Mit viel Schwierigkeiten gelang es mir dann, fünf engagierte Jäger aus den unterschiedlichsten Kerngebieten des Schwarzwildes zu motivieren, gemeinsam mit mir eine Hegegemeinschaft aufzubauen.

Unsere Devise lautet: Großflächig durch starken Eingriff in die Frischlingsklasse den Altersklassenaufbau unseres Schwarzwildes verbessern, gleichzeitig die Bestände aber nicht anwachsen lassen, um die unerwünschten Wildschäden weitgehend zu vermeiden.

Konkret lauten die Bejagungshinweise in Nordrhein-Westfalen (1. Februar bis 31. Juli):

1. In der Schonzeit sind nur Frischlinge bis zu 25 Kilogramm zu erlegen, Fehlabschüsse werden durch die Gewichtsbeschränkung weitgehend vermieden.

2. Einzeln ziehende Stücke sind ganzjährig zu schonen.

3. Aus der Rotte ist jeweils nur das schwächste Stück zu erlegen, Leitbachen sind in jedem Fall zu schonen!

4. Unbedingte Schonung aller mittelalten Stücke.

5. Wem der Lebenskeiler mit mindestens fünf Jahren und/oder 100 kg aufgebrochen kommt, der sollte ihn erlegen, dafür aber

bitte für die nächsten zwei Jahre Abstinenz bei Erntekeilern einhalten.

Bezüglich des Gewichtes sei angemerkt, daß Schwarzwild während der Rauschzeit etwa ein Drittel seines Gewichtes verliert. Dagegen gibt es auch bereits dreijährige Keiler, die ein hohes Gewicht auf die Waage bringen.

Noch stecken wir mit unserem „Arbeitskreis SHG Egge Ost" bis zu den „Tellern" in der Aufbauphase. Die Waldbesitzer waren relativ schnell für die gute Sache zu motivieren. Nachdem es uns gelungen ist, durch einen neuartigen High-Power-Elektrozaun auch die Feldpächter vor überhöhten Wildschäden zu bewahren, haben wir auch dort eine gute Resonanz gefunden.

Im Herbst 1988 (nach sechsjähriger Aufbauphase) fand Dank der Unterstützung durch unseren Hegeringleiter und der Gräflich-Oeynhausen-Sierstorpfschen Verwaltung eine Gründungsversammlung statt. 7350 Hektar sind in der Schwarzwildhege „Egge-Ost" im Hegering Bad Driburg integriert. Nach der Gründung rief unser Arbeitskreis zunächst ein erstes Schwarzwild-Seminar in Brüggen/Niederrhein ins Leben. Ich danke hier Dr. Hugo Schlepper vom Landesjagdverband Nordrhein-Westfalen, der sich auf Landesebene für das Zustandekommen dieses Seminars eingesetzt hatte.

Ein Vortrag von Verhaltensforscher Heinz Meynhardt (DDR) am 9. März 1984 in der Martinushalle in Reelsen fand eine starke Resonanz bei den 550 anwesenden Jägern. Es folgten: Gespräche mit dem LJV, ein Symposium an der Justus-Liebig-Universität in Gießen sowie ein Besuch beim Wildbiologischen Institut in Bonn-Hardt bei Dr. Ueckermann. Auch der Verfasser des Lüneburger Modells, Kreisjägermeister Norbert Teuwsen aus Lüneburg, wurde frequentiert.

Durch eine Jagdzeitschrift brachte ich in Erfahrung, daß in Oberviechtach im Bayrischen Wald ein pensionierter Gymnasialprofessor namens Richard Finke wohnt, der schon mehrfach Ausstellungen und Referate über Schwarzwild gehalten und auch als Verhaltensforscher von sich Reden gemacht hatte. Wir vereinbarten einen Termin, und gemeinsam mit meiner Frau besuchte ich ihn vor Ort. Es empfing uns ein älterer, selbstbewußter Herr neben einer relativ jüngeren Dame und dem Kind des Hauses: Tapsi, einem wohldressierten Hund.

Der 78jährige Professor, selbst Jäger, hatte schon 1959 mit seiner lieben Frau Karin unter Wildschweinen im Solling gelebt. Finke wurde durch Lorenz selbst einmal zum „Keiler h.c." ernannt. Der Gymnasialprofessor war Maler. Sein Wohn- und Arbeitszimmer glich einer Galerie. Am Harmonium spielte er von uns gewünschte Musikstücke, wobei „Tapsi" mit seinem feinen Gefühl für die richtigen Töne aufmerksam zuhörte.

Seine vielen Fotografien von Sauen, denen er sogar Namen gegeben hatte, beeindruckten uns sehr. Ich bat ihn, nach seinen erfolgreichen Ausstellungen im Deutschen Jagd- und Fischereimuseum in München und auf Burg Falkenstein trotz seines vorgerückten Alters auch in unserem Wohnort Bad Driburg seine Fotodokumentation vorzustellen. Ich versprach ihm, alle Vorbereitungen dafür zu treffen. Nach mühevoller Kleinarbeit stand endlich fest: Die Ausstellung sollte am 6. Juli 1986 in den herrlichen Räumen im Haus des Gastes, dem „Pferdestall", eröffnet werden. Nun begann die Zeit des Planens und des Organisierens, doch dank der Unterstützung unseres Sohnes Albert ließ sich die Arbeit bewältigen.

Als Schirmherr für die Ausstellung gewann ich den Besitzer des Driburger Bades, Graf Caspar von Oeynhausen-Sierstorpff.

Zwischenzeitlich ereilte Richard Finke ein Herzinfarkt, und so stand die bange Frage im Raum: Würden wir den festgelegten Termin einhalten können? Es klappte, seine liebe Frau hatte ihn wieder aufgepäppelt, und der befreundete Ziegenprofessor Bilkenroth brachte die Finkes wohlbehalten in das schöne Bad Driburg.

Einige Bilder mußte der Künstler umhängen, wir als „Kunstbanausen" hatten die unterschiedlichen Lichteinfälle nicht ausreichend berücksichtigt. Um die Eröffnung der attraktiven Ausstellung etwas zu untermauern, hatte ich mir noch einen persönlichen Gag ausgedacht. Mit etwas Überredungskunst konnte ich Polizeihauptkommissar Werner Franke aus Hildesheim bewegen, uns seine Wildsau „Luise" an diesem Tage vorzustellen. Luise wird bei der Polizei als Spürschwein für Rauschgift und Sprengstoff eingesetzt. Musikalisch wurde die Ausstellungseröffnung in hervorragender und gekonnter Weise vom Bläserchor des Hegerings Bad Driburg untermalt.

Als alle Gäste zur Eröffnungsfeier versammelt waren, betrat plötzlich unangemeldet „Luise" den Raum. Eine zweijährige Bache, die
unter Führung des Hauptkommissars ihre Intelligenz unter Beweis
stellen sollte. Und in der Tat konnte sie alle Anwesenden von ihrer
Klugheit überzeugen. Was wäre wohl passiert, wenn einer der anwesenden Gäste „rein zufällig" etwas Hasch in der Hosentasche gehabt hätte. Es hätte in der Tat peinlich werden können. Wie schrieb
damals die Presse? „Wildschweine sind clever, nicht saudumm".
Verbunden mit dieser Ausstellung fand auch ein Schwarzwildsym-
posium im angegliederten Veranstaltungsraum statt (so ganz unei-
gennützig hatte ich die Sache natürlich nicht organisiert, sollte
doch die gesamte Veranstaltung schließlich die Jäger für unsere
junge Schwarzwild-Hegegemeinschaft motivieren).
Professor Finke sprach über seine vielfältigen Erlebnisse mit seinen Sauen im Solling. Forstamtsrat Tomczak referierte über Maßnahmen der Wildschadenverhütung. Ich selbst hielt ein Referat unter der Überschrift: „Schwarzwild bewirtschaften und bejagen
oder bekämpfen?" Die Ausstellung lief über vier Wochen und wurde ein voller Erfolg. Als Dank für meine Mitarbeit malte mir auf
Wunsch Prof. R. Finke den „Beresowka-Keiler" in Öl. Ein einmaliges Bild eines urigen Keilers im Winterwald.
Wie schon berichtet, hatte ich Luise schon einmal im Jahre 1986 als
Star im Gräflichen Kurhaus in Bad Driburg engagiert. Mitte Mai
flatterte mir eine Einladung aus Hildesheim ins Haus. Offizielle
Verabschiedung durch Minister Hasselmann von Polizeihauptkommissar Werner Franke und der beamteten Spürsau Luise in den Ru-
hestand.
Im neu errichteten Freizeitpark Sottrum bei Hildesheim hatten
sich die Medien der Weltpresse eingefunden, Fernsehanstalten,
selbst aus Amerika, interviewten den Führer der Wildsau, Werner
Franke. Aber auch Luise erhielt eine Urkunde und eine Bestätigung für ihr monatliches Ruhegeld, sie war ja schließlich „Beam-
tin". Luise, jetzt drei Jahr alt und 100 Kilogramm schwer, war beschlagen und sollte in den nächsten Wochen ihre ersten Frischlinge
zur Welt bringen. Merkwürdigerweise hatte sich die Bache im Laufe der Jahre auf die Rauschzeit der Hausschweine umgestellt, so
daß alle vier Wochen Probleme in der Haltung eintraten.

Franke fand durch Zufall heraus, daß Luise in dieser Zeit durch „Coca Cola" zu stimulieren war. Dieser braune Saft aus Amerika enthält Inhaltsstoffe, die selbst eine „Sau" gefügig machen. Am Tage der Verabschiedung, es war der 27. Mai 1987, waren unter anderem auch im Freien Getränke an einer Bar zu bekommen. Wie üblich, wurde auch Coca Cola ausgeschenkt. Am frühen Nachmittag waren Mensch und Tier durch die Überbeanspruchung der Medien völlig erschöpft. W. Franke versuchte nun, Luise in ihr neues Gehege zu bringen. Auf dem Weg dorthin freqentierte sie auch die Theke. Luise wurde wütend, gab Such- und Warnlaute von sich und ließ sich trotz starkem Ledergeschirrs kaum halten. Erst als ihr Führer ihr eine Flasche Coca Cola ins Gebrech schüttete, folgte sie willig. Die „Schwangerschaft" entpuppte sich nur als „Schein". Wie sich herausstellte, war sie zur Aufnahme viel zu fett. Vorige Woche haben wir Luise besucht, sie macht jetzt eine „Schlankheitsdiät". Sobald sie abgespeckt hat, steht schon ein stattlicher Keiler zur Kopulation bereit. Die Nachwelt will schließlich wieder ein cleveres „Polizeischwein" haben.

An dieser Stelle sollten meine Darstellungen über die Erlebnisse mit Schwarzwild eigentlich enden. Doch ein Ereignis am 22. Dezember 1986 ließ mich das Manuskript noch einmal zur Hand nehmen, um einen Abschnitt über das Hauptschwein Gustav anzufügen. An besagtem Tage saß ich auf meiner winterfesten Kanzel, Schnee war gefallen: Der weiße Leithund für uns Jäger hatte mich wieder nach draußen gelockt. Eulen und Käuze untermalten den winterlichen Abend, ich saß bereits drei Stunden an, als wie von Geisterhand ein Hauptschwein über die schmale Schneise zog, verhältnismäßig langsam, den Hinterlauf schonend. Dieses Merkmal war mir bekannt, Gustav hatte eine Verletzung am Hinterlauf, er trat nicht voll auf.

In der Erwartung, er würde versuchen, die Kanzel zu umkreisen, hielt ich den Repetierer aus dem linken Fenster. So konnte es eventuell klappen. Doch es kam anders. Das kurze, gedrungene Hauptschwein entschwand meinen Blicken – auf Nimmerwiedersehen. Gustav erhielt am nächsten Tag, den 23. Dezember 1986 im Nachbarrevier die tödliche Kugel. Sollte man doch wieder seinem Grundsatz untreu werden und einen Tag vor Heiligabend zur Jagd gehen?

Gerade komme ich von dem glücklichen Erleger Walter F. aus Bad Driburg. Im ungefähr zwei Kilometer entfernten Revier „Der Hahn" erhielt der Keiler gegen 21 Uhr auf neunzig Meter die Kugel. Abgerauscht wog er nur 66 Kilo, aber seine Waffen sind eine einmalige Trophäe. Ich habe sie nach Brandt vermessen. Durchmesser an der Schleifkante und an der Basis 21 Millimeter, die Länge der Gewehre allerdings nur 170 Millimeter. Die Werte sprechen für eine wirklichen „Erntekeiler": Waidmannsheil!

Waidmannsheil im neuen Revier

Im August 1986 regnete es in Strömen, ich bekam fast die ganze Nacht kein Auge zu, ein Witterungswechsel macht mir gesundheitlich immer Beschwerden. Nach stundenlangem Herumwälzen im Bett stand ich um drei Uhr auf und fuhr zur Suhle I (Kanzel am Wendeplatz). Eigentlich purer Unsinn, sich bei stockfinsterer Nacht und schüttendem Regen anzusetzen.

Ein von mir geprägter Satz lautet: „Wer einmal dran gerochen hat, an einer wilden Sau, der kommt nicht wieder los von ihr – egal, ob Mann ob Frau". Und wie heißt es auch: „Der Jäger unverdrossen hat die stärksten Sauen geschossen".

An diesem regnerischen Tag wurde es relativ spät hell, erst gegen 5.45 Uhr fing es langsam an zu dämmern. Selbst wenn Schwarzwild unter die Kanzel gezogen wäre, bei diesem Regengetöse hätte man nichts vernehmen können. Aufmerksam verfolgte ich den anbrechenden Tag, als von rechts unten am Graben zwei schwache Überläufer heranflüchteten. Schnell hatte ich meine Büchse zur Hand und aus dem Fenster Richtung Suhle herausgehalten, in der Hoffnung, die Sauen würden dort halt machen.

Alles ging blitzschnell, die beiden Überläufer ignorierten die Suhle. Im Ziehen wurde ich gerade noch auf den letzten fertig. Unmengen von Wasser kamen vom Himmel, zunächst wartete ich ab, bis es richtig Tag geworden war. Nun mußte ich wohl doch ins nasse Element. Natürlich trieb mich jetzt auch die Neugierde. Bei dieser schnellen Schußabgabe Erfolg gehabt? Gut abgekommen war ich ja.

Bei dem Regen fand ich so gut wie kein Schweiß am Anschuß, dann aber im etwas höher werdenden Gras: Schweiß, und zwar reichlich. In der angrenzenden Buchenverjüngung stand ich vor dem bereits verendeten starken Frischling. Hier konnte man wirklich sagen: Bei Sauwetter Saudusel gehabt.

Abstinenz

Dreiviertel-Mond. Die schnell dahinziehenden Wolken gaben hin und wieder den Mond frei. Nordost-Wind. Also günstig für einen Ansitz im Revier Rauenberg.

Gegen 19.30 Uhr kam ich dort an, hielt mit meinem Wagen vor der Schranke am Waldeingang und ließ den Wagen dort auch stehen. Warum nicht bei der schönen klaren Luft ein paar Schritte zu Fuß gehen. Der leichte Wind ließ die allerletzten Blätter der fast 200jährigen alten Eichen herunterrieseln. Der Pirschweg war zwar von Laub übersät, aber von dem seit langen Wochen gefallenen Regen noch relativ feucht. Optimale Bedingungen, um bei gutem Wind leise zu meinem Ansitz am Wildacker zu kommen. Vorsichtig öffnete ich das Vorhängeschloß, denn metallische Geräusche vernimmt das Schwarzwild auf weite Entfernungen.

Ich schob mich in meine 100 x 100 cm große Hochsitzkiste ein. Es ist darin so eng, daß ich meine Büchse zunächst aufrecht auf die Sitzbank stellen muß, um Platz für das Hereinschlüpfen in den dort unter der Bank lagernden Fußsack zu haben. Ja, bei einem schon etwas „Zurückgesetzten" dauert es fast zehn Minuten, bis man die richtige Sitzhaltung eingenommen hat. Jetzt folgen die weiteren Vorbereitungen. Aus der Manteltasche zaubere ich die Pulswärmer und Handschuhe hervor und entferne die Zielfernrohrkappe.

Jetzt vorsichtiges Öffnen eines der drei Fenster. Aus welcher Richtung kommt hier oben der Wind? Zunächst zieht es von vorn, also aus Richtung des Wildackers – das ist günstig. Ich öffne auch noch das linke Fenster, um auch Geräusche von dort wahrnehmen zu können. Langsam haben sich die Augen an das diffuse Licht gewöhnt. Nun erste Sehversuche durch das Zielfernrohr und das Fernglas. Verdammt schwaches Licht. Vorsichtig hebe ich meinen Hintersten an, wühle mich durch die winterliche Kleidung und zaubere das dringend notwendige Taschentuch aus der Hosentasche. Noch schnell ein Eukalyptus-Bonbon in den Mund (meine Ersatzdroge für das ehemalige Rauchen). So, nun muß aber Ruhe einkehren auf dem Sauenansitz. Die Okularlinsen beider Gläser hatte ich mehrfach mit dem Taschentuch gereinigt, aber es brachte eigentlich so gut wie nichts. In der Ferne riefen wieder die Eulen, ein gutes Omen. Das Licht war nun mal nicht besser. Und diese Tatsache nutzte der Keiler.

Der mitten auf der kleinen Blöße stehende Baumstubben wurde plötzlich immer größer, und ich glaubte schon an Visionen, denn es war erst 21.10 Uhr. In der Tat, dort stand ein Stück Schwarzwild. Lange beobachtete ich, wie der Basse versuchte, den Stubben auszuheben. Würden noch weitere Stücke folgen? Es war Rauschzeit. Viele Anschauungen über unser Schwarzwild gingen mir durch den Kopf. Es paßte mir einfach nicht, daß sich während der Rauschzeit ein Keiler so intensiv auf Futtersuche befand. Treibt ihn doch normalerweise der Geruch der rauschigen Bachen durch die weiten Lande! Am Rande des Wildackers hatte ich ein Silo mit Zuckerrüben angelegt, woraus sich das Stück nun bediente. Nun stand es vor dem Haufen, und ich konnte die Größenverhältnisse jetzt besser abschätzen. Er hatte die Zweidrittellänge des Haufens und die gleiche Höhe. Doch ein Hauptschwein?

Ein vorsichtiger Blick zum Himmel zeigte immer noch den bedeckten Mond – mit besserem Licht war im Augenblick kaum zu rechnen. Nach etwa fünfzehn Minuten trollte der Keiler in Richtung Suhle auf meine Kanzel zu. Er kannte sich hier aus, denn ohne viel herumzusuchen, hob er nach und nach drei lose Baumstubben mit dem Gebrech an – hier hatte ich eine Handvoll Mais verbuddelt. Inzwischen hatte ich die zwei offenen Fenster wieder geschlossen, und hielt nur das rechte Fenster in Richtung Suhle offen. Die Entfernung betrug dreißig Meter, und ich konnte nun ganz deutlich das wohlige Schmatzen vernehmen. Es mundete ihm so gut, daß ein verstärktes Atmen einsetzte. Ja, so etwas ist auch in der menschlichen Gesellschaft bei besonders gutem Essen gelegentlich der Fall. Ich wartete eigentlich nur noch auf ein schweinisches Verdauungsgeräusch, doch tat er mir diese Freude leider nicht. Auf die nahe Entfernung konnte ich nun den gesamten Habitus des Stückes in aller Ruhe studieren. Auffallend waren die schwarz umrandeten Teller, genauso wie sie der Keiler auf dem Ölgemälde von Richard Finke hat, das bei mir im Haus hängt. Trotz des besonders schlechten Lichtes hatte ich so etwas noch nie gesehen. Einen kurzen Augenblick wurde es etwas heller, und trotzdem reichte das Licht nicht aus, um eindeutig festzustellen, ob der Pürzel nun bis zum Sprunggelenk reichte. Der Keiler baumelte mit seiner Quaste aber auch ständig hin und her.

Jetzt machte er etwa zehn behutsame Schritte zum Malbaum. Deutlich konnte ich sehen, wie er mit dem Gebrech seine schaumige Duftmarke setzte. Nun fing er an, sich in allen Lagen am Malbaum zu scheuern. Gesuhlt hatte er wohl vorher an anderer Stelle, denn ich konnte den grauen Lehm auf seiner schönen gewellten, winterlichen Schwarte sehen. Was jetzt? Am Malbaum tat er sich nieder und rutschte auf der Bauchseite hin und her. Ob hier eventuell eine rauschige Bache einmal genäßt hatte? Es mußte ihm wohl auch dort unten irgend etwas jucken. Völlig neue Erkenntnisse, es war ja kein Suhlen dort auf dem trockenen Erdboden möglich.

Litt er wegen einer fehlenden Bache solche Pein? Ja, er tat mir leid, und ich dachte gar nicht daran, meine Büchse in Anschlag zu bringen. Vom Gewicht her hatte er sicherlich etwa 100 Kilogramm. Jetzt stand er auf und zog langsam geräuschlos in Richtung Dikkung. Noch stand er frei, als plötzlich der volle Mondstrahl auf sein Gewaff fiel. Es blitzte wie Elfenbein! Schnell warf ich noch einen Blick auf seinen Pürzel, nein, die Länge reichte nicht ganz aus. (Soeben habe ich bei Dr. Ueckermann nachgelesen – und was steht da? Die Pürzellänge und die Stärke der Quaste sind nicht immer für die Altersbestimmung von Bedeutung. Es gäbe auch alte Keiler mit kürzerem Pürzel).

Der Mond war jetzt hinter den Wolken verschwunden, der Keiler setzte sich in Richtung Wildacker in Bewegung und trug merkwürdigerweise dabei den Pürzel in waagerechter Haltung. War es ihm hier vielleicht nicht mehr ganz geheuer? Zweidrittel der kleinen Blöße hatte er schon überquert, als urplötzlich der Himmel aufriß und das starke Stück sein Tempo beschleunigte. Hier sieht man wieder, wie unwahrscheinlich scharf die Sinnesorgane unseres Schwarzwildes arbeiten. Er wußte schon drei Minuten, bevor der Mond durchkam, daß es höchste Zeit wurde, sich wieder in eine sichere Dickung einzuschieben. Ja, auf ungefähr 120 Meter konnte ich seine ganze Kraft noch einmal bewundern, bis er sich, jetzt mit dem Pürzel hin und herwedelnd auf Nimmerwiedersehen verabschiedete.

Staudernheim, den 4.4.92

Sehr geehrter Herr Kramer,

alles Gute zu Ihrem Geburtstag und recht herzlichen Dank für die Einladung.

Als Geschenk habe für Sie ein engagiert geschriebenes Buch über die
Schwarzwildjagd ausgesucht. Damit möchte ich Ihnen auch dafür danken, daß
ich als Gast in Ihrer Jagd jagen darf. Als passionierter Niederwildjäger
war mir bisher nur das Rehwild sehr vertraut. Nun allerdings ist die Fährte
einer Sau genauso aufregend, wie der Ansitz auf den Bock.

Es grüßt Sie mit Waidmannsheil

Ihr

Zwanzig Minuten später baumte ich ab und fuhr nach Hause. Ich berichtete meiner Frau voller Freude das soeben geschilderte Erlebnis, und ich muß sagen, es hat mir mehr Freude bereitet, als wenn ich einen vielleicht drei- bis vierjährigen Keiler zur Strecke gebracht hätte. Am kommenden Morgen ließ ich keine Ruhe und fuhr mit Waltraud nochmals zum Ort des Geschehens. Ich hatte ein Fährtenlineal mitgenommen. Wie zwei Kriminalisten suchten wir den optimalen Fährtenabdruck aus, und ich vermaß ihn. Länge und Breite des Schalenabdrucks betrugen ungefähr 65 mm. Vergleiche mit dem Fährtenlinieal nach Größe und Abrundung ergaben das zu erwartende Ergebnis: Der Keiler war zwischen drei und vier Jahre alt. Nun weiß ich, wenn der Keiler mit den schwarz umrandeten Tellern noch einmal auf der Bildfläche erscheinen sollte: Schonen ist angesagt.

Zwei Tage später saß ich wieder auf dem Sauensitz, diesmal bei bestem Licht. Die Erfahrung sagte mir: Bei solch hellen Nächten sind die Sauen nicht gern unterwegs. Lothar saß auf der Kanzel am Wendeplatz. Wer hätte das geglaubt? Kam doch mit nur fünfzehn Minuten Verspätung gegenüber vorgestern der gleiche Keiler wieder auf die Blöße! Diesmal zog er aber unruhig hin und her, und schon nach kurzer Zeit war er wieder verschwunden.

Um 22.30 Uhr traf ich mich mit Lothar, und er erzählte mir, daß ihm eine Rotte Sauen gekommen war, die dann aber plötzlich mit lautem Gequietsche verschwunden wäre. Unsere Hochsitze stehen nur wenige hundert Meter auseinander. Jetzt erklärte sich, warum der von mir gesehene Keiler sich so schnell aus dem Staub gemacht hatte. Er hatte die Rotte „in die Nase bekommen" und würde jetzt vielleicht doch noch zum Zuge kommen. Ob er vielleicht doch älter war? Was gibt es Schwierigeres beim Waidwerk, als ein Stück Schwarzwild richtig anzusprechen!

Nachwort

Noch viele Symposien und persönliche Gespräche mit den Jägern bis hinein in die Jagdhütten über Sauen werden notwendig sein, um das gemeinsame Ziel, die großflächige Bewirtschaftung unseres so edlen, letzten wehrhaften Wildes zu erreichen. Morgen halte ich wieder ein Referat über das Sozialverhalten vor einem Jungjäger-Lehrgang. Diese angehenden Waidmänner sind dankbare Zuhörer und aufnahmebereit für die neuen Ziele der Schwarzwildbejagung. Zweifler an der Sache wird es immer geben, aber bei den immer kleiner werdenden Jagden können wir Jäger nur gemeinsam eine Bewirtschaftung vornehmen. Degenerierte Schwarzwildbestände, die hohe Wildschäden anrichten, darf es nicht geben.

Letzte Frage an mich selbst: Ob ich als Dank für meine langjährigen Bemühungen um das Schwarzwild auch mal einen wirklich „alten Bassen" auf die Schwarte legen kann?

Ihnen, liebe Leser, die Sie bis zu dieser Stelle des Buches durchgehalten haben, bestätige ich: Sie sind ein passionierter „Saujäger".

Horrido, faß die Sau am Pürzel, viel Waidmannsheil.

Bad Driburg, im Keilermonat 1987   Werner Klotz